KB041578

이 책은 관점을 바꿈으로써 성공의 패러다임으로 쉽게 옮겨 가는 방법을 알려준다. 많은 사람이 교육 수준, 타고난 배경, 인맥 등이 있어야만 성공한다고 믿는다. 그러나 저자는 성공에 정말로 필요한 것은 올바르고 건설적이며 일상적인 습관이라고 말한다.

_《안트러프러너》Entrepreneur

밥 프록터는 성공을 이루기 위해 가장 중요한 건 좋은 자아 상self-image을 갖는 것이라고 했다. 그는 사람들에게 내면을 들여다보라고 말한다. 내면에 자리 잡은 자아가 사실상 인생의 모든 것을 결정하기 때문이다. 그의 말에 따르면 우리는 우주의 법칙을 깨달음으로써 성장하고 인생의 완성에 이를 수 있다.

_《더 선》The sun

자기계발의 구루 밥 프록터는 '긍정적인 의식이 현실을 만든다'라는 끌어당김의 법칙과 유사한 과학적 법칙을 반세기 가까이 설파했다. 특히 부를 축적하는 방법에서는 재정적인 측면보다는 성취의 중요성을 일깨우고자 했다.

_〈토론토 스타〉The Toronto Star

밥 프록터는 나폴레온 힐의 유산을 계승한 인물이다.

_브라이언 트레이시 Brian Tracy, 《백만불짜리 습관》 저자

밥 프록터보다 생각의 힘을 이해하는 사람은 없다. 그는 잠재의식을 성공의 결과물로 구체화할 수 있는 유일한 사람이다.

_래리 킹 Larry King, 앵커

밥 프록터는 인간의 마음에 대한 깊이 있는 이해와 지식을 지녔다. 그의 말에 귀 기울여라. 당신의 인생에 큰 변화를 만들 준비가 되었다면 프록터가 그 방법을 알려줄 것이다!

_제이 에이브러햄 Jay Abraham, 《포춘》 500대 컨설턴트

작가이자 강연가로 새롭게 일을 시작했을 때 밥 프록터를 만난 것은 행운이었다. 그의 지혜와 가르침 덕분에 100만 달러 수준의 연봉을 받던 마케터 시절보다 더 많은 수입을 벌어들일 수 있었다. 지금의 현실을 바꿀 준비가 된 사람들에게 이 책을 강력히 추천한다!

_신시아 커지Cynthia Kersey, 베스트셀러 작가·강연가

우리 삶의 가장 복잡한 개념들을 가장 단순한 방식으로 설명하는 능력을 가진 사람이 있다. 그 사람은 당신이 생각한 것을 실제 결과물로 만드는 법을 알려준다. 그의 이름은 바로 밥 프록터다.

_빅 코넌트Vic Conant, 나이팅게일-코넌트 대표

이 멋진 책은 밥 프록터가 우리에게 남긴 위대한 지식과 지혜의 유산이다. 프록터는 오래된 자기패배적self-defeating 사고를 씻어내고 새로운 정신, 새로운 패러다임으로 무장했을 때의 결과가 무엇인지 명확히 보여준다. 이 책의 메시지를 알고 깊은 울림을 느꼈다면 드디어 우리 자신에게 투자할 때가 온 것이다.

_브랜던 카누브 퍼비스Brandon Kanubu Pervis, 아마존 독자

이 책은 우리의 정신을 위한 그것도 아주 센 약처럼 느껴진다. 이 책의 생각들은 나를 완전히 바꿔놓았고 나의 세계를 변화시켰다. 한평생 쌓아 올린 습관이 긍정적인 결과를 낳을지, 부정적인 결과를 낳을지는 삶을 재검토하는 일에 달렸다. 내가 진정으로 되고 싶고 이루고 싶은 믿음을 선택해야 한다. 그 믿음의 결과는 나의 오늘로 나타나기 때문이다.

_줄리언 Julian, 아마존 독자

우리 인생에 당장 적용할 수 있는 생각과 의식의 위대한 힘을 보여주는 최고의 책이다! 이 책을 매일 읽으며 의식을 확장하고 성장시켜 나가면 결국 인생의 큰 변화를 이룰 수 있다고 단언한다. 이 책은 우리가 기억해야 할 것들로 가득 채워져 있다.

_마를리나 Marlena, 아마존 독자

이 책은 당신이 이미 가지고 있는 것이든, 앞으로 갖고자 하는 것이든 인생의 모든 것은 결국 마음에 달렸다는 밥 프록터의 철학을 가장 잘 보여준다!

_도니 쿡 Donnie Cook, 아마존 독자

시대를 뛰어넘는 고전 자기계발 구루 중 한 사람 '밥 프록터'. 그가 말하는 시각화의 기술과 조언 그리고 얻게 되는 이점들을 통해 내 인생은 달라질 수 있었다. 이 책에는 당연하게 여겨서는 안 되고, 절대 잊어서도 안 되는 성공의 본질이 담겨 있다.

_톰 Tom, 굿리즈 독자

밥 프록터의 '패러다임 시프트'The Paradigm Shift 강연을 듣고 영감을 얻어 이 책을 읽었다. 인생을 바꾸기 위해 알아야 할 중요한 시크릿이 모두 담겨 있다. 우리의 잠재의식은 우리가 생각하는 방식과 마인드를 사용하는 방법, 나아가 우리 자신을 결정짓는다.

_디키 아무르 Dickie Armour, 굿리즈 독자

밥 프록터
부의 확신

옮긴이 **김문주**

연세대학교 정치외교학과 졸업 후 연세대학교 신문방송학과 석사를 수료하였다. 현재 번역
에이전시 엔터스코리아에서 전문 번역가로 활동하고 있다. 주요 역서로는 《캣치》, 《설득은
마술사처럼》, 《물어봐줘서 고마워요》, 《생각한다는 착각》, 《거울 앞에서 너무 많은 시간을 보
냈다》, 《셰이프 오브 워터》, 《인생이 빛나는 마법》 등이 있다.

밥 프록터
부의 확신

1판 1쇄 발행   2022년 7월 12일
1판 17쇄 발행   2024년 10월 11일

지은이 | 밥 프록터
옮긴이 | 김문주
발행인 | 홍영태
편집인 | 김미란
발행처 | (주)비즈니스북스
등 록 | 제2000-000225호(2000년 2월 28일)
주 소 | 03991 서울시 마포구 월드컵북로6길 3 이노베이스빌딩 7층
전 화 | (02)338-9449
팩 스 | (02)338-6543
대표메일 | bb@businessbooks.co.kr
홈페이지 | http://www.businessbooks.co.kr
블로그 | http://blog.naver.com/biz_books
페이스북 | thebizbooks
ISBN 979-11-6254-286-6 03190

밥 프록터

부의 확신

세계 단 1%만이 알고 있는 부와 성공의 비밀

밥 프록터 지음 · 김문주 옮김 · 조성희 감수

비즈니스북스

당신의 인생을 180도 바꿀 기회가
이 책에 있다!

밥 프록터의 신작《밥 프록터 부의 확신》이 한국에 출간되어 기쁘다.

2022년 2월, 그가 세상을 떠났다는 소식을 듣고 가슴이 참 먹먹했다. 누구보다 자기 일을 사랑했던 그는 하늘의 별이 되는 그날까지도 유튜브를 통해 자신의 메시지를 전하며 활발하게 활동했다.

밥 프록터를 만나고 내 인생은 완전히 달라졌다

나의 스승이자 내 인생의 터닝 포인트를 만들어준 밥 프록터.

나폴레온 힐의 철학 계승자이자 살아 있는 '시크릿'의 거장인 밥 프록터가 살아 있을 때 직접 그의 성공 마인드를 배우려는 마음으로 미국계 회사를 그만두고 바로 달려갔던 순간이 떠오른다. 그 후로 2년 동안 그의 수업을 통해 마인드 트레이닝을 받으며 삶의 관점이 바뀌고 내적으로 엄청난 성장을 이룰 수 있었다.

15년 전 당시 밥 프록터와 함께 찍은 사진 속 열정만 가득했던 어리숙해 보이는 내 모습에 웃음이 나오기도 한다. 이제는 고인이 된 밥 프록터의 한국 유일의 파트너이자 제자로서 감수와 추천사를 맡아 글을 쓰고 있다니 영광스럽고 감사할 따름이다.

자신감 없는 찌질이에 뚱뚱하고, 술에 의지해 헤어나오지 못하고 또 영어 한마디 못 한 채 말주변도, 글재주도 없던 내가 이렇게 변화하다니! 20년 전의 내 모습과 지금의 내 모습은 달라도 너무도 달라졌다.

무대 공포증에 말도 잘 못하고 수줍음만 타던 내가 '시크릿'의 다른 주인공 마이클 버나드 벡위스Michael Bernard Beckwith와 함께 미국 LA의 2,000명 청중 앞 강단에 섰다. 유럽 포르투갈 리스본 초청으로 1,500명 앞에서 강연하고, 싱가포르와

중국에서 강의하고, 베스트셀러 작가가 되고, 건강한 몸을 유지하며 세계 마라톤 대회에 나가고, '마인드파워로 세상을 이롭게!'라는 모토로 매 순간 성장하고 있으니 참 많이 변화했다.

옛날의 나였다면 지금쯤 나는 지하 사글셋방에서 하루하루 먹고살 만큼의 돈을 벌며 포장마차에서 신세 한탄하며 소주 한잔을 기울이다 새벽에 집에 들어가 해가 중천에 떴을 때 간신히 일어났을 것이다.

이 책에 나온 이야기처럼 밥 프록터가 나폴레온 힐의 책을, 월러스 워틀스Wallace Wattles의 책을, 얼 나이팅게일의 오디오 강연을, 그 밖의 여러 책을 반복해서 읽었듯 나도 마인드파워를 공부하지 않았다면, 나의 인생책들과 배운 것들을 걸레짝이 되도록 수없이 반복하지 않았다면 어둡고 깨지지 않을 것 같던 단단한 예전의 내 모습도 바뀌지 않았을 것이고 지금의 나도 없었을 것이다.

살얼음판 위의 나에게 그가 건넨 마지막 한마디

미국에서 수많은 책과 교육 자료에 둘러싸여 공부할 때는 머리가 부서지는 줄 알았다. 생각했던 것보다 더 어려웠고 심오했고 가슴으로 이해되지 않는 부분들이 많았다. 수없이 방대한 자료와 시험, 전문가 앞에서 하는 프레젠테이션 모두 진땀 흘리며 하루하루 버텨내 치러냈고 끝내 인증 자격증을 받았다. 그러나 그때의 기쁨은 잠시뿐이었다.

한국으로 돌아왔을 때 현실은 내가 생각했던 것보다 냉혹했고, 첩첩산중이었고, 장애물투성이였다. 게다가 나의 역량은 얼마나 부족했던가. 나를 어필하기는커녕 항상 맨 뒤에서 존재감 없이 조용히 다녔던 성격에, 어눌한 말투에 말주변이 없어 사람들 앞에서 말하는 것보다 듣는 것을 좋아하는 나였다. 사람을 모으는 재주? 당연히 없었다.

더 큰 문제는 밥 프록터에게서 배운 그 방대한 자료들을 한국어로 번역해서 전하는 일이었다. 정말 몇 년의 시간이 걸렸는지 모른다. 나는 그의 성공 철학에 담긴 깊은 가치를 보고 내 모든 돈과 빚까지 내서 가르침을 받으러 미국까지 다녀왔는데 한국에서는 그 가치를 알아보지 못하는 사람들이 훨씬 더 많을 때였다. 심지어 사이비 종교로 오해받은 적도 있었다.

주위 사람들은 하나같이 내게 우려의 말들을 던졌다.

"너 같이 어린 여성에게 돈을 내고 들으러 가는 사람은 없을 거다."

"한국에서 교육사업은 돈이 되지 않아."

마인드를 가르치는 일을 한다고 말하면 이런 대답이 돌아오기 일쑤였다.

"마인드? 그런 걸 왜 배워요? 정신 이상한 사람만 찾는 거 아닌가? 그걸 왜 돈을 내고 들어요?"

이 모든 편견과 비판을 이겨낸 몇 년의 세월은 그야말로 수련의 시간이었다. 한 치 앞을 모르는 살얼음판을 걷는 느낌이랄까?

그 위를 걸어가는 나를 지켜준 한 마디가 있었다. 밥 프록터와 헤어지기 전, 그에게 마지막으로 내게 해줄 말을 써달라고 하니 다음의 말을 써주었는데 정말 시간이 갈수록 가슴을 때리는 문구였다.

"Live on the edge. Keep going." (가장자리에서 살아라, 계속 나아가라.)

밥 프록터는 누구보다도 영적인 사람이었다.

매일 편하지 않았던 살얼음판을 걸어갈 앞으로의 내 모습이 보였던 것일까?

모두가 안 될 거라고 했지만 내가 지금 여기까지 올 수 있었던 것도 그의 가르침을 제대로 이해하고 마음근육을 단단히 했기 때문에 가능했다. 그리고 나를 가둬두었던 기존의 패러다임에서 벗어나 새로운 패러다임으로 전환했기에 지금의 내 모습으로 바뀔 수 있었다.

모든 성공한 사람이 가진 6가지 비밀병기

밥 프록터는 세계적인 성공 철학자다.

이 한 권의 책에 그가 담은 메시지는 독자들이 쉽게 이해하도록 단순하게 표현되어 있다. 하지만 조금만 더 깊이 있게 알아두면 그의 철학을 온전히 잘 이해할 수 있기에 본격적으로 들어가기에 앞서 추가 설명을 하고자 한다.

이 책에 나오는 인간의 'intellectual faculties'는 인간만이 가진 높은 지적 능력이다. 내가 운영하는 마인드파워 스쿨에서 이 개념을 가르칠 때 나는 이를 '인간만이 가진 비밀병기'라고 표현한다.

나폴레온 힐이 철강왕 앤드류 카네기로부터 소개장을 받고 30년 가까이 전 세계적으로 성공한 507명의 사람을 조사,

연구하고 인터뷰하며 발견한 사실이 있었다. 이 모든 성공자는 오감으로 들어오는 정보에 기분이 오르락내리락하지 않는다는 것이었다.

자신만의 중심을 가지고 성취할 수 있었던 파워! 모든 성공한 사람만이 사용하고 강화했던 비밀!

그 비밀병기는 바로 관점perception, 의지will, 상상imagination, 직관intuition, 기억memory, 판단reason이다.

성공한 사람들은 오감으로 들어오는 어떤 정보에도 반응하지 않았다. 심지어 세계 대공황 같은 모두가 어려운 상황에서도 반응하지 않았다. 누군가 옆에서 "너는 못 해! 넌 절대로 해낼 수 없어!"라고 깎아내리는 말을 해도 그들은 반응하지 않았다.

그들은 자신의 내면을 강화하고 중심을 유지해서 다른 사람들이 생각할 수 없는 결과를 만들어냈다.

그들만 해낼 수 있는 것 아니냐고?

절대 아니다!! 누구나 가능하다!

안타깝게도 이 사실을 깨달은 사람이 별로 없다. 마음근육은 연습할수록 강화되는 능력이다. 이 여섯 가지에 대해 본문에 들어가기에 앞서 간단하게 설명하고자 한다.

1. **관점**: 당신이 어떤 상황을 어떻게 바라보는지에 따라서 그 상황이 바뀔 수 있다. 즉 내가 바라보는 관점 하나만 바뀌어도 결과는 완전히 달라질 수 있다.

2. **의지**: 원하는 목표에 집중하는 능력이다. 내가 원하는 상태에 하루에 얼마나 집중하는지를 연습할 수 있다.

3. **상상**: 모든 것은 상상과 함께 시작된다. 원하는 모습을 명확히 상상할수록 그곳에 가까워진다. 쓰면 쓸수록 상상력도 강화된다.

4. **직관**: 오감을 넘어선 육감을 뜻한다. 다른 능력들이 강화되면서 직관력도 함께 강화된다.

5. **기억**: 우리는 완벽한 기억력을 가지고 있다. 이것 또한 연습할수록 강화된다.

6. **판단**: 생각을 모아서 마음속에 그림을 그리고 선택하는 능력이다.

모든 성공한 사람은 이 여섯 가지를 강화하여 자신의 생각을 컨트롤할 수 있는 사람들이었다.

몸의 근육을 강화하면 넘어질 때도 중심을 잘 잡을 수 있듯이 마음근육을 강화하는 일도 마찬가지다.

당신의 잠재의식 속에 체화될 때까지 반복하라

지난 13년간 수많은 사람의 놀라운 변화들을 보았다. 빚더미에 허덕이며 울던 사람이 창업에 성공해 결심한 대로 살아가는 모습, 죽기 직전에 간절한 마음으로 찾아와 6개월 만에 억대 연봉을 달성한 사연, 억대 연봉을 이뤄 목표한 벤츠를 타고 온 여성분이 흘린 감격의 눈물, 인생의 가장 밑바닥에서 병원에 입원했다 뛰쳐나와 3개월 만에 세일즈 톱에 오르고 모든 병이 나은 사연 등. 너무도 많은 기적과 같은 일들을 보며 돈과는 바꿀 수 없는 엄청난 감동과 행복을 매번 느꼈다. '사랑'이 무엇인지를 가슴으로 배웠고, 홍익인간 정신이 절로 생겼고 '마인드파워로 세상을 이롭게!'라는 인생의 사명감도 생겼다.

온라인 강의가 론칭되면서는 '마인드파워 샤워'를 하는 사람들이 늘어나기 시작했다.

잠재의식에 체화시키는 반복의 힘을 제대로 아는 것이다!

살아생전 밥 프록터가 단 하루도 빼놓지 않고 그랬듯이 반복, 반복, 반복이 전부다!

지금은 온라인 강의만으로도 수많은 분의 삶이 바뀌기 시작했다. 모두 눈물을 흘리며 나에게 고맙다고 말했지만 나는 끊임없는 반복을 통해 패러다임을 바꿔낸 그들의 결단, 선택과 용기 덕분이라고 말하고 싶다.

《밥 프록터 부의 확신》에는 짧지만 당신의 패러다임을 바꾸는 핵심이 잘 담겨 있다.

이 책을 한 번만 읽지 말고 수없이 읽어서 씹어 삼키기를 추천한다.

당신의 잠재의식 속에 체화될 때까지 반복하자!

밥 프록터가 얼 나이팅게일의 〈마법의 말〉The Magic Word에서 큰 영감을 얻어 "빌 고브Bill Gove가 할 수 있다면 나도 할 수 있다!"라고 용기를 낸 것처럼 이 책을 집어든 당신에게도 나는 힘주어 말하고 싶다.

찌질이에 부정 덩어리였던 내가 할 수 있었다면 당신도 충분히 할 수 있다고!

_조성희 (마인드파워 스쿨 대표)

오래된 잠재의식을 바꾸는
단 하나의 열쇠

가끔 이런 생각이 들었던 적이 있지 않은가? 정말로 열심히 일했는데 왜 원하는 결과를 얻어내기는 그토록 어려울까? 매해 목표를 세우고 노력하는데 왜 매번 목표치에 도달하지 못하는 걸까? 사회생활이나 사생활에서 스트레스를 받는 일이 생겼을 때 다른 사람들은 침착하게 대처하는 듯 보이는데 왜 나만 안절부절못하고 실수하는 걸까?

이럴 때 '긍정적으로 생각하라', '원하는 것을 마음속에 그려보라', '확언을 하라' 같은 자기계발서의 조언을 떠올려도 별 도움이 되지 않았는가? 기대했던 것처럼 별다른 노력이 필요 없는 신나는 내리막길이 아니라 커다란 바위를 굴리며 언덕길을 거슬러 올라가는 과정처럼 힘들게 느껴질 때가 많았는가?

이는 자기계발을 시도할 때 흔히 드는 의문들이다. 그리고 그 답은 성공·동기부여 강사나 교사, 철학자들이 거의 언급하지 않는 요인에 있다. 바로 우리가 더 크게, 더 오래 성공할 것인지 실패할 것인지를 좌우하는 '패러다임'paradigm이다.

우리의 일상은 패러다임이 지배한다

동기부여 분야의 전설이자 자기계발 전문가인 밥 프록터가 늘 전석 매진으로 유명한 세미나에서만 공개했던 몇 가지 놀라운 이야기를 이 책에 풀어놓았다. 이제 우리는 이 책을 통해 석사에 버금가는 교육을 받으면서 체계적이고 일관적이며 지속 가능한 방식으로 성과를 낼 방법을 배울 수 있다. 더불어 실패의 두려움, 성공의 두려움, 미루는 버릇 그리고 무엇보다도 가장 지독한 자기훼방self-sabotage 같은 성공을 가로막는 요인을 제거할 수 있다.

프록터는 패러다임이라는 개념을 통해 이 모든 상황을 해결하는 방법을 보여준다. 패러다임은 대다수 사람이 간과하지만 사실은 가장 중요한 성공의 요인이다.

과연 패러다임이란 무엇일까? 이 책을 읽으면 곧 알게 되겠지만, 일단 기본적으로 패러다임은 우리의 잠재의식 속에 내장된 정신적인 프로그램이라 할 수 있다. 잠재의식은 우리의 습관적인 행동을 지배하며 우리가 하는 대부분의 행동은 습관적이다.

패러다임은 윗세대에서 아랫세대로 전해지는 수많은 습관으로서 다양한 방식으로 나타난다. 이것은 우리가 우리 자신과 세계, 기회를 보는 방식이자 변화와 도전에 접근하는 방식이다. 일단 자신의 행동이 모두 패러다임의 지배를 받는다는 사실을 깨달으면 세상 전체를 바라보는 시선이 바뀐다.

어쩌면 우리의 주변에는 살면서 매 순간 습관적으로 화를 내거나 속상해하는 것처럼 보이는 사람, 어떤 상황에서도 긍정적인 면을 보지 못하는 사람이 있을 수 있다. 몇 년 혹은 몇십 년 동안 늘었다 줄었다 하는 몸무게 때문에 고군분투하는 사람이 있을 수도 있다. 이들은 한동안 건강을 되찾고 몸무게를 줄이면서 바른 생활을 하는 듯하다가도 얼마 안 가 예전의 모습으로 돌아간다. 몇 년 동안 일정 수준의 소득에 발이 묶인 채 앞으로도 더 많은 소득을 벌어들이지 못할 것처럼 보이는 사람도 있다. 이런 결과들은 모두 패러다임에서 비롯된 것이다. 패러다임은 스스로 만들어낸 감옥이 될 수도 있지만, 지금 우리가 되고 싶은 바로 그런 사람이 될 수 있는 자유를 선물하기도 한다.

이 책은 우리를 제한하는 패러다임으로부터 자유롭게 해줄 열쇠를 건네준다. 우리 안에 뿌리내린 정신적 프로그램인 패러다임을 바꿔 돈, 건강, 일을 비롯해 우리의 인간관계와 인생을 완전히 변신시켜줄 열쇠 말이다. 앞으로 우리가 걸어갈 이 여정에서 밥 프록터는 완벽한 멘토가 되어줄 것이다.

_샌디 갤러거 Sandy Gallagher

(프록터 갤러거 인스티튜트 공동창업자·대표)

차례

당신은 이미 부자로 태어났다

제2장

스스로 원하는 것을 만들고 욕망하라

제3장

성공하고 싶다면 당신 자신이 되어라

제4장

마음이 바라는 만큼 몸이 움직인다

제5장

부와 성공은 가질 수 있다고 믿을 때 찾아온다

제6장

위대한 성과를 부르는 패러다임을 가져라

제7장

나를 제대로 알아야 완전히 달라질 수 있다

제8장

부의 그릇을 키우는 태도는 따로 있다

제9장

잠재의식을 바꿔라, 부자가 되리라

제1장

당신은 이미
부자로 태어났다

당신은 당신이 생각하는 대로 된다.

_얼 나이팅게일

이 책은 몇몇 독자들에게는 정말로 좋은 책일 것이다. 여기서 '모든 독자에게'라고 하지 않은 이유는 인생을 바꾸기 위해 마음을 먹는 일이 대단히 어렵고 중요하다는 것을 강조하고 싶어서다. 이 '몇몇 독자'에 들어갈지 말지 결정하는 것은 바로 '당신'이다.

패러다임을 바꾸기 위해서는 말 그대로 어마어마한 결심이 필요하다. 지금껏 우리가 배워온 거의 모든 것과 반대로 나아가야 하기 때문이다. 우리는 학교에 가고, 책을 펼치고, 그 책을 읽고, 내용을 질문하고, 다시 다른 책으로 넘어간다.

그러나 이런 식으로는 책에 담긴 내용을 제대로 이해할 수 없다. 그저 한 번 읽고 넘어가는 것만으로는 자기 것으로 만들기 어렵다.

패러다임은 반복을 통해 만들어진다. 그것도 꾸준하고 일정한 간격으로 진행되는 반복적인 생각과 행동을 통해 만들어진다. 우리의 인생은 결국 패러다임을 통해 만들어지고 변한다. 하지만 대부분 사람은 이 말이 그다지 와닿지 않을 것이다. 왜냐하면 지금까지 지내왔던 방식, 과거에 교육받았던 방식에 연결되어 있기 때문이다. 우리는 패러다임이 무엇인지 전혀 배우지 못했으며 그저 정보를 수집했을 뿐이다.

이른바 명문대라고 불리는 곳에서 학위를 취득하고서도 허우적대며 인생을 살아가는 사람들이 있다. 이들은 돈을 많이 벌지도 못하고 직장에서 높은 지위로 올라가지도 못한다. 사업을 하는 사람이라면 도산하거나 폐업하기도 한다. 아마도 이 대목에서 독자들은 '아니, 엄청나게 똑똑한 사람들이 왜 그런 거지?'라고 생각할 것이다.

사실 이 사람들은 그다지 똑똑하지 않다. 엄청나게 많은 정보와 지식을 축적했지만 이를 활용하지 않고 내재된 패러다임에 따라 행동한다. 어떻게 해야 하는지 배우고 아는 대로 행동하지 않고, 무언가 알 수 없는 이유로 그 사실조차 깨닫지 못하는 것이다. 즉 이들은 잠깐 멈춰 서서 자신의 행동을 돌아보지 못하고 가지고 있는 정보, 지식과 관련짓지 못한다.

수년에 걸쳐 내가 깨달은 사실은 **성공한 사람들에게는 무의식적으로 발휘하는 능력이 있다**는 것이다. 이들은 왜 자신이 그렇게 행동했는지 똑떨어지게 설명하지 못했다. 수백만 달러를 보유한 자산가, 명망 있는 기업의 창업자 역시 그 이유를 알지 못하고 자녀들에게도 알려줄 수 없었다. 물어보면 이들은 다만 "음, 그냥 그렇게 했어요."라고 말할 뿐이다. 사람들은 이들이 똑똑해서 그렇다고 하지만 실은 똑똑한 것과는 상관이 없다. 관련 있는 것은 패러다임이다. 패러다임은 우리의 삶을 상상할 수 없을 정도로 크게 좌우한다.

어떤 분야에서든 **성공은 우리 마음속에서 무슨 일이 벌어지느냐에 달려 있다.** 외부에서 벌어지는 일과는 아무런 상관이 없다. 어떤 사람들은 경제적으로 어려운 상황에 직면했을 때조차 굉장히 잘 이겨낸다. 대공황 시대에도 모두가 일자리를 잃었던 것은 아니며 모두가 파산하지도 않았다. 일부는 수백만 달러를 벌어들이며 크게 성공했다.

왜 그들은 큰 성공을 거두었을까? 대체 무슨 일이 벌어진 걸까? 어떻게 그들은 이겨낼 수 있었을까? 그들은 마음에서 성공을 이뤄냈다. 성공은 안에서부터 밖으로 이뤄지는 것이며 밖에서 안으로는 이뤄지지 않는다. 그러나 우리는 바깥세상의 영향을 받아 움직인다. 그렇게 훈련받았기 때문이다. 말하자면 우리는 바깥세상이 조종하는 대로 따르도록 프로그래밍되어 있다.

운명을 지배하는 무의식의 습관, 패러다임

단순히 긍정적으로 생각하는 것만으로는 아무 일도 할 수 없다. 그런 건 환상일 뿐이다. 우리에게는 패러다임의 변화가 필요하다. 패러다임은 우리의 잠재의식 속에 새겨진 수많은 아이디어로, 흔히 '습관'이라고 알려져 있다. 즉 **패러다임은 잠재의식에 새겨진 수많은 습관이다.**

습관은 의식적으로 생각하지 않고 저절로 나오는 생각을 말한다. 매일 우리는 수많은 행동을 하지만 대부분은 의식하지 않고 기계적으로 움직인다. 차를 운전하는 것도 그런 예다. 운전을 하기 위해 일부러 생각할 필요는 없다. 이미 그렇게 프로그래밍됐기 때문이다.

아침에 일어나서 두세 시간 동안 자신이 하는 행동을 객관적으로 관찰해보면 그런 행동들로는 우리가 열망하는 성공을 거둘 수 없음을 깨달을 것이다. 그리고 스스로 이렇게 물어보게 된다. '내가 왜 이런 식으로 행동하는 거지?'

우리는 매일 똑같은 행동을 하는데 이는 그렇게 하도록 프로그래밍되었기 때문이다. 지금의 모습대로 살도록 아주 오래전에 프로그래밍되었다. 말하자면 우리는 이미 태어나기 전부터 유전적으로 프로그래밍되었기 때문에 친척들과 닮은 꼴을 하고 있다. 우리 한 사람, 한 사람은 여러 세대를 거슬러 올라가는 유전자풀gene pool의 집합체다. 유전자는 우리를 제어하며 우리가 하는 모든 일을 제어한다.

한 사람의 패러다임은 학교에서 배운 것과는 상관이 없다. 애초에 형편없는 패러다임을 가진 사람이라면 제아무리 뛰어난 교육을 받더라도 실패하고 만다. 훌륭한 교육이 전혀 도움이 되지 않는 것이다.

따라서 가장 먼저 패러다임이 어떻게 형성되는지를 이해해야 한다. 그다음에는 이것이 어떻게 변하는지 알아야 한다. 이쯤에서 대부분 사람이 이해하기를 포기한다. 학교에서 가르쳐주지도 않고 이를 알려주는 세미나도 거의 없기 때문이다. 어느 날 문득 나는 이 생각을 떠올리며 충격을 받았다. 이 업계에서 계속 일해왔는데도 나 역시 그 원리를 정말로 이해하지 못했기 때문이었다.

———

연봉 4,000달러를 100만 달러로 바꾼 깨달음

1961년으로 거슬러 올라가자. 나는 1년에 4,000달러를 벌면서 6,000달러의 빚을 지고 있었다. 그때는 어떻게 해야 그 상황을 벗어날 수 있을지 눈앞이 캄캄하기만 했다. 5년 후 나는 1년에 100만 달러를 벌면서 토론토, 몬트리올, 보스턴, 클리블랜드, 애틀랜타, 런던에 지사를 둔 기업을 운영하는 사업가가 됐다.

나는 너무나 제멋대로 살았다. 당시 런던에 살았는데 무작정 이사를 와서 회사를 세웠다. 플레이보이 클럽에 다니며 룰렛 도박을 했고 돈을 잃어도 상관하지 않았다. 돈이 어디서 나오고 어떻게 벌어들이는지 알기 때문이었다.

어느 날 문득 이런 의문이 들었다. '어떻게 이렇게 된 거지? 왜 인생이 이렇게 극적으로 변했을까?' 답을 할 수가 없었고 이유를 알지 못했다. 어릴 적부터 큰돈을 벌려면 똑똑해야 한다는 말을 들었지만 나는 그다지 똑똑하지 못했는데도 많은 돈을 벌어들였다. 또 학교에 다니지 않으면 절대로 좋은 일자리를 얻지 못한다고 들었지만 나는 고작 두 달 동안 고등학교에 다녔을 뿐이었다. 모든 사람이 예상했던 대로 당연히 좋은 일자리도 얻지 못했다. 그러나 나중에는 회사 전체를 통째로 가지게 되었다!

그때부터였다. 자라면서 듣고 믿었던 모든 것을 되돌아보기 시작했고, 그중 대부분은 사실이 아님을 깨달았다. 한 사람이 다른 누군가보다 뛰어날 수 있을까? 아니다. 그 누구도 다른 사람보다 뛰어날 수는 없다. 조금 더 나은 결과를 얻거나 조금 더 많은 돈을 벌거나 좀 더 생산적이거나 좀 더 빨리 뛸 수는 있지만 우리는 모두 똑같은 존재다. 우리 모두를 불에 태운다면 똑같은 상태로 사그라질 것이다.

우리는 질량이자 에너지이고 진동이다. 피부색과 몸의 크기, 성별은 아무 의미도 없다. 우리는 모두 동일한 존재이며 동일한 법칙의 지배를 받는다. 그 법칙들은 변하지 않으며 사람이 만들어낸 법칙이 아니기 때문에 사람이 바꿀 수도 없다. 성공은 바로 이 법칙들과 조화를 이루는 이해와 능력에 달려 있다.

그렇게 깨닫고 나자 가슴이 벅차오르며 머릿속 모든 것이 바뀌기 시작했다. 그동안 내가 왜 그렇게 행동하는지 몰랐고, 왜 잘되는지도 몰랐다. 정규교육을 받지도 못했고 사업 경험도 없었다. 그래서 결심했다. '이걸 반드시 알아내겠어. 내가 왜 성공할 수 있었는지 알아낼 거야.'

1967년 당시 나는 건물관리 업계에 있었다. 사무실 한 곳을 맡아 시작된 일이 여러 다른 도시에 있는 수많은 사무실을 대상으로 하는 큰 규모의 사업으로 성장해 있었다. 이때 내가 한 해에 벌어들인 돈은 무려 100만 달러였다. 나는 내가 왜 성공할 수밖에 없었는지 그 이유를 알아내고 싶었다. 오로지 그 열망 하나 때문에 모든 위험을 감수하고 누가 봐도 엄청난 성공을 이룬 업계를 떠나 나이팅게일-코넌트에 들어가 일을 시작했다. 그러면서 나의 연 수입은 100만 달러에서 1만 8,000달러로 줄었고, 5년 후에는 3만 3,000달러로 다시 늘어났다.

나는 돈을 주고서라도 나이팅게일-코넌트에서 일하고 싶

었다. 이 회사가 보유한 대단한 두 인물, 얼 나이팅게일Earl Nightingale과 로이드 코넌트 Lloyd Conant에게 홀딱 반해버렸기 때문이다. 두 사람은 완벽한 천재였고, 그들 외에 이런 일을 하는 사람은 없었다. 나는 그들에게 성공 철학을 배우고 싶었다. 마치 과학자처럼 두 사람을 연구했고 그때부터 퍼즐 조각을 맞춰가기 시작했다.

나는 대공황 시대에 태어났다. 여섯 살이 된 해에는 온 세계가 전쟁에 휘말렸다. 모든 물건이 배급되던 시대였고 오직 나쁜 소식만 존재하던 시절이었다. 그 누구도 어린아이의 '정신'에는 관심이 없었다. 아이 셋을 키워야 했던 어머니는 입에 풀칠하는 일이 무엇보다 중요했다.

1961년 건전지로 돌아가는 작은 전축으로 얼 나이팅게일의 오디오 강연을 처음 들었을 때를 잊을 수가 없다. 여태껏 그처럼 말하는 사람은 단 한 명도 보지 못했다. 신에게 목소리가 있다면 분명 그와 같으리라 생각했다. 그때부터 나는 이 주제에 매료되어 쉬지 않고 연구와 공부를 계속했다. 나이팅게일-코넌트에 들어간 이후 9년 반 동안 '나는 왜 성공했는가?'에 대한 답을 찾기 위해 의식적이고 면밀하게 집중했다. 그리고 결국 답을 알아냈고 이를 어떻게 하면 다른 많은 사람도 깨달을 수 있을지 그 방법을 찾기 시작했다.

———

당신은 당신이 생각한 대로 된다

사실 이 주제는 학교에서, 아니 학교에 들어가기 전부터 가르쳐야 한다. 이것은 심지어 아기도 배울 수 있다. 인간은 지성을 높이는 데 집착했고 깨우침을 얻는 데는 소홀했다. 두세 가지 분야에서 박사학위를 딴 사람도 어떻게 돈을 벌고 사업을 일으키는지, 어떻게 자기계발을 할 수 있는지는 깨우치지 못할 수 있다.

결국 깨우침이 핵심이다. 우리는 무한한 지성으로 신과 우리가 하나 될 수 있음을 깨우치고 싶어 한다. 더 많이 깨우칠수록 그 깨우침은 우리의 성과에 더 많이 반영되고, 깨우침이 부족할 때도 성과로 나타난다.

나이팅게일은 그가 진행한 가장 유명한 프로그램인 〈가장 낯선 비밀〉The Strangest Secret에서 **"당신은 당신이 생각하는 대로 된다."**라고 말했다. 우리가 자신을 더 많이 들여다볼수록 생각은 심오해진다. 여기에 하나를 덧붙이면, 생각을 어떻게 선택하는지에 따라 우리는 자신을 제어할 수 있다.

이 세상에서 우리가 바꿀 수 있는 부분은 단 한 가지, 바로 자기 자신이다. 이 사실을 이해하고 시작해야 한다. 그 외에는 아무것도 바꿀 수 없다. 우리를 둘러싼 상황이나 조건을 바꿀 수 없으며 계속 벌어지는 상황에 적응하면서 앞으로 나아가야 한다. 그리고 그런 외부 조건보다 우리 자신이 더 크고 위대한 존재임을 이해해야만 한다. 나는 외부 조건에 그다지 많은 시간을 할애하지 않는다. 상황은 곧 지나가며 또 다른 상황이 찾아올 테니 말이다. 바깥세상에는 허락만 된다면 우리를 지배하려고 달려드는 뭔가가 있기 마련이다. 나는 그렇게 내버려두는 것을 선택하지 않았다. **내가 나를 지배한다.**

나아가 관건은 무엇을 생각하느냐가 아니라 무엇을 내면화하느냐다. 생각은 내면화하지 않고도 할 수 있기 때문이다. 그러나 우리는 이 생각을 내면화해야 하고 감정을 담아야 한다. 그렇지 않으면 아무런 도움이 되지 않을 것이다. 생각을 그저 의식하기만 하면 부자가 되고 싶다고 생각하면서도 가난하게 살 수 있다. 부자가 되겠다는 생각을 내면화해야 가난에서 벗어날 수 있다.

인간만이 가진 6가지 위대한 지적 능력

동기부여 작가이자 강사인 네빌 고다드Neville Goddard(흔히 '네빌'로 알려져 있다)는 이 점을 아주 잘 표현했다. 그는 현명하고 의식적으로 환경을 만들어가는 사람의 상상 속에서 미래는 현실이 된다고 말했다. 인간은 다른 생명체들이 누리지 못하는 지적 능력을 지녔다. 세상의 다른 작은 생명체들은 모두 각자의 환경에서 편안함을 느끼고 녹아들지만, 인간은 환경을 만들어내는 지적 능력이 있기에 그 어디에도 묶여 있지 않다. 보통의 교육 시스템에서는 이 고등 능력에 관해 아무것도 가르치지 않는다.

기억, 관점, 의지, 판단, 상상, 직관. 이 여섯 가지 경이로운 지적 능력이 어떻게 작동하는지 알고 있는가? 지금은 세상을 떠났지만 전 세계적으로 존경받는 심리학자 웨인 다이어Wayne Dyer가 이런 말을 한 적이 있다.

"당신이 뭔가를 바라보는 방식을 바꾼다면 바라보는 대상이 바뀔 것이다."

'관점'을 바꾸면 세상을 바꿀 수 있다. 우리는 완벽한 '기억력'과 완벽한 '직관'을 타고났다. 우리에게 있는 지적 능력은 완벽하다. 그러나 우리는 그런 능력이 있다는 사실조차 알지 못하고 계발은커녕 어떻게 사용할 수 있는지도 배워본 적이 없다. '상상'은 그저 우리가 가지고 노는 대상이 아니다. 우리가 보는 모든 것, 우리를 둘러싼 세계는 상상 속에서 가장 처음 만들어지며 그 후 물리적인 결과로 바뀐다. 세상은 법칙에 따라 움직인다.

미국의 로켓공학자 베르너 폰 브라운Wernher von Braun이 이를 정확히 표현했다. 존 케네디가 폰 브라운에게 "사람을 달로 실어 보냈다가 안전하게 지구로 데려올 수 있는 로켓을 만들려면 뭐가 필요하겠습니까?"라고 묻자 그는 이렇게 답했다.

"해내겠다는 '의지'입니다."

의지는 인간의 고차원적인 능력 가운데 하나로, 외부의 모든 방해를 배제하고 마음속 화면에 하나의 생각만 띄워놓을 수 있게 해준다. 하나의 생각에 집중할 때 그 생각은 형태로 바뀐다.

앤드류 카네기가 깨달았던 것처럼 마음속에 품은 생각이나 두드러지는 생각, 두려움이나 숭배의 대상이 되는 생각은 우리가 접근하기에 쉽고 편한 형태로 모습을 갖춰 시시각각 나타나기 시작한다. **우주의 제1 법칙 가운데 하나는 에너지가 영원히 변화한다는 것이다.** 에너지는 한 형태에서 다른 형태로 변화하고 다시 그 형태에서 빠져나오기를 영원히 반복한다.

원하는 세계에 생각의 주파수를 맞춰라

청명한 날에 하늘을 올려다보면 조각구름들이 모이는 모습을 볼 수 있다. 구름은 점점 커지고 어두컴컴해지다 이내 콰르릉하고 물을 쏟아낸다. 그곳에 아주 오래도록 머물러보면 그 물이 원래 나왔던 곳으로 바로 돌아가는 광경을 볼 수 있다. 형태에서 형태로 이동하는 에너지다. 에너지는 본래 나왔던 원천으로 되돌아간다. 이것이 바로 우리의 본질이며 우리가 사용하는 모든 것에 관한 진실이다.

우리는 법칙에 따라 산다. 대부분 사람은 이 법칙을 이해하지 못하기에 인생의 많은 시간 동안 조화를 이루며 살지 못한다. 법칙을 이해하고 우리의 삶이 그 법칙과 조화를 이루도록 끌어갈 때 상황은 올바른 방향으로 움직이기 시작한다.

시인 랠프 월도 에머슨Ralph Waldo Emerson은 인과의 법칙이야말로 "법칙 중의 법칙"이라고 했다. 우리는 뿌린 대로 거둔다. 큰 호의를 베풀면 큰 보답을 받는다. 우리가 그 법칙과 조화를 이루었기 때문이다.

론다 번의 《시크릿》이 출간됐을 때 이 책은 큰 도움이 되면서도 많은 사람을 혼란에 빠뜨리기도 했다. 이들은 끌어당김의 법칙을 믿는다. 어떤 일에 대해 생각하면 그 일을 끌어당길 수 있다는 법칙이다. 하지만 끌어당김의 법칙을 이야기하는 사람 대부분은 진정으로 이 법칙을 이해하지 못한다.

끌어당김의 법칙은 부차적인 법칙일 뿐 근본적인 법칙은 진동의 법칙the law of vibration이다. 진동의 법칙은 모든 것이 움직이며 그 무엇도 멈춰 있지 않다는 사실에 바탕을 둔다. **우리는 감정의 바다 한가운데에서 살며 자신의 주파수에 맞춰 생각한다. 생각은 에너지다.**

우리의 생각이 만들어내는 주파수는 우리가 무엇을 끌어당길 것인지 지시한다. 주파수는 우리가 위치한 진동을 제어하기 때문이다. 우리는 우리와 조화를 이룰 수 없는 대상은 끌어당길 수 없다. 어느 한 사람이 가난하다면, 즉 지금 돈이 없고 이전에도 부를 쌓아본 적이 없으면서 단순히 부자가 되리라고 생각한다면 앞으로도 그는 가난한 상태에 머물 수밖에 없다. 이 사람은 가난의 진동 속에 있다. 그 사실을 이해하고 주파수를 바꿔야만 다른 세계로 접어들고 다른 게임을 하게 된다.

더 많이 원할수록 더 많이 하게 된다

우리는 교육을 통해 머릿속에 정보를 채운다고 믿지만 사실은 전혀 그렇지 않다. 이탈리아의 교육자 마리아 몬테소리 Maria Montessori는 이렇게 말했다. "우리는 아이들을 학교에 보내면서 이 아이들이 컵이라고 생각합니다. 그리고 그 컵을 채우길 바라죠. 하지만 사실 컵은 이미 가득 차 있거든요."

지금까지 존재했거나 앞으로 존재할 모든 지식과 힘은 언제 어디에나 있다. 우리는 앞으로 필요할 모든 지식과 힘을 이미 가졌다. 우리는 에너지를 얻는 게 아니라 풀어낸다. 우리는 욕망에 에너지를 풀어놓는다. 즉 욕망이 생겨야 이를 충족할 에너지가 생긴다.

우리의 영적 DNA는 완벽하다. 우리는 각자 완벽함을 품고 있고 이 사실은 우리 내면과 외면 모두에서 저절로 드러난다. 영혼은 확장과 표현의 대상으로서 항상 우리라는 존재의 본질이 순수하고 완전한 영혼임을 보여준다. 그리고 늘 더 많은 방식으로 자신을 표현하고 싶어 한다. 그렇기에 우리는 여러 가지를 원한다. 사실 우리는 무언가를 얻기보다는 성장하길 바란다. "나는 더 빨리 달리고 싶어." "나는 더 높이 뛰어오르고 싶어." 영혼은 우리를 통해 자신을 표현하고 싶어 한다. 그리하여 우리는 영적인 존재다. 영적인 경험을 했다고 말하는 사람들도 있지만 이들은 영적인 경험을 하는 게 아니다. 육체적인 경험을 하는 영혼인 것이다.

우리 안의 완벽함은 항상 표현할 방법을 찾는다. 그래서 우리는 달릴 때 더 빨리 달리고 싶어 한다. 더 높이 뛰어오르고 싶어 하고, 더 많이 팔기를 바란다. 무엇을 하는지는 중요하지 않다. 더 완벽해지고 싶은 욕망이 있을 뿐이다. 그 이유를 이해해야만 한다.

내가 꼬마였을 때 할머니는 이렇게 말하곤 했다. "네가 가진 것에 만족해야 한단다." 할머니는 천사 같은 사람이었고,

나는 할머니가 틀렸다고 말하고 싶지 않았다. 어떻게 할머니가 틀릴 수 있겠는가? 하지만 틀렸다.

———

우리는 우리가 가진 것에 만족해서는 안 된다

불만은 창의적인 상태다. 우리는 더 많이 원할수록 더 많이 움직이기 때문이다. 원하는 것을 얻었는지의 문제가 아니다. 그저 더 많이 소유하는 것이 더 이롭다고 생각한다면 스스로를 속이는 것이며 결국 비참할 정도로 실망할 것이다. 중요한 건 더 많이 '하는' 것이다. 우리 안의 더 많은 우리가 일에 기여해야 한다. 내가 하는 일도 그게 전부다. 즉 그저 내 안의 더 많은 나를 밖으로 꺼내는 것뿐이다. 나는 어제 내가 했던 것보다 더 훌륭하게 일하고 싶다.

은퇴라는 개념은 인생의 목표가 먹고살 만한 정도로 돈을 벌어서 일할 필요가 없게 되는 것임을 암시한다. 그러나 우리는 일을 하려고 생겨난 것이 아니라 우리를 위해 일이 생겨났다. 우리는 일에서 만족을 얻는다. 당신은 만족을 얻기 위해 출근하는 것이다. 그리고 서비스를 제공해서 돈을 벌고 돈을 벌기 위해 서비스를 제공한다.

여기서 바로잡아야 할 점이 있다. 우리는 돈을 벌기 위해 일하고 일하기 위해 태어났다는 잘못된 생각을 갖게 되었다. 우리를 가르친 사람들이 잘못된 생각을 했기 때문이다. 그들이 우리에게 현실에 만족해야 한다고 가르치니 우리는 이렇게 생각했던 것이다. '설마 저분들이 틀렸겠어?'

당신이 변하기로 결정하면 변할 것이다

지금까지는 개인에 관해 이야기했지만 이제는 더 큰 구조, 이를테면 회사에 관해 이야기해보자. 앞서 이야기한 법칙들을 반드시 이해해야 하지만 회사에서 중요한 위치에 있는 사람들은 제대로 이해하지 못한다. 많은 사업가가 시스템과 건물과 물건에는 많은 돈을 쓰면서도 사람에는 그리 많은 돈을 쓰지 않는다. 예를 들어 호텔을 떠올려보자. 호텔에서 사람을 뺀다면 더 이상 호텔을 소유한 게 아니라 물건으로 가득 찬 건물을 소유한 것이다. 호텔은 사람이다. 사업을 시작하고 싶다면 사람을 일궈야 한다.

모든 사람에게는 잠재력이 있다. 그 잠재력을 어떻게 개발하는지 배워야 한다. 어떤 사람이 더 훌륭히 일하길 바란다면 그 사람이 원하는 것을 알아내야 한다. 사람이 일을 더 잘하려고 정말로 노력하는 유일한 순간은 정말로 원하는 것을 얻기 위해 일할 때이기 때문이다. 우리 안의 더 많은 우리가 기여하기 위해서는 무언가를 원해야만 한다.

흔히 사장은 직원들에게 "이봐, 실수했잖아. 어떻게 해야 제대로 하는 건지 보여줄게."라고 말하지만 직원들은 자신이 했던 방식 그대로 돌아간다. 그렇게 일하라고 프로그래밍되었기 때문이다. 그것이 직원들의 패러다임이고, 그저 뭔가를 하라고 말하는 것만으로는 이들의 패러다임을 바꿀 수 없다. 오늘이나 내일 정도는 바뀔지 몰라도 곧 원래의 패러다임으로 돌아가고 만다.

패러다임은 자동온도조절기와 같아서 한 사람이 이뤄내는 성과의 온도를 조절한다. 직원들이 내는 성과의 온도를 바꾸고 싶다면 패러다임을 바꿔야 한다. 자동온도조절기를 교체하고 싶다면 기기에 대해 잘 알아야만 한다. 또한 교육을 통해 사람들이 자신은 누구이며 무엇인지, 무엇 때문에 행동하게 되는지 깨닫도록 해야 한다.

나는 여러 기업에 가서 이런 법칙들을 가르쳤고 그 결과
는 어마어마했다. 1970년대에는 가장 큰 보험회사로 꼽히
는 프루덴셜 오브 아메리카Prudential of America와 메트로폴리
탄Metropolitan에 합류했다. 우리는 사람들이 새로운 습관 두
가지를 세우도록 가르쳐 수백만 달러의 매출을 올렸다.

나는 직원들에게 아침 9시까지 잠재 고객 앞에 나타나서
10만 달러 상당의 보험을 사달라고 부탁하라고 했다. 그리
고 이렇게 덧붙였다. "반드시 보험을 팔 필요는 없어요. 그저
사달라고 부탁하세요. 여러분이 이전과는 다르게 해야 할 일
두 가지는 매일 아침 9시에 잠재 고객을 만나서 10만 달러짜
리 보험을 소개하고 제안하는 겁니다." 그 결과 이들이 일주
일 동안 계약한 10만 달러 보험증권의 수는 예전의 연간 계
약 건수보다 더 많았다.

———

당신의 삶 자체가 메시지가 되어야 한다

나는 교도소에 가서도 똑같은 현상을 목격했다. 어떤 사람에
게 왜 자신이 그런 결과를 맞이했는지 이유를 알려주고 결과

를 바꾸기 위해 무엇을 해야 하는지 보여주면, 그 사람은 그렇게 행동할 가능성이 크다. 그러나 단순히 그 사람을 바꾸려고만 한다면 바뀌지 않는다.

사람들은 변화에 저항하는 것이 아니라 타의에 의해 변화하는 것에 저항한다. **내가 변하기로 했다면 나는 변할 것이다.** 만일 누군가가 내가 변할 것이라고 했다면 나는 그의 말에 저항할 것이다. 사람들이 더 잘하고, 더 크게 변화하고, 더 생산적이길 바라는가? 그렇게 하려면 무엇이 사람들을 움직이는지 이해하고, 사람들의 마음이 어떻게 작용하는지 이해해야 한다. 마음이 어떻게 작용하는지 이해하는 건 심리학자들뿐 아니라 모든 사람에게 필요한 일이다. 왜냐하면 마음은 움직임이기 때문이다. 몸은 그 움직임이 겉으로 드러나는 것이다.

간디에 관한 수많은 일화 중에 이런 이야기가 있다. 어떤 사람이 어마어마한 인파를 뚫고 간디에게 다가가 "제가 집으로 가져갈 수 있게 심오한 생각이 담긴 메시지 좀 써주실 수 있으신가요?"라고 쓰인 종이 한 장을 내밀었다. 그러자 간디는 종이를 받아 그 위에 "내 삶이 내 메시지다."My life is my message.라고 썼다.

리더라면 사람들이 일하길 바라는 수준으로 직접 일해야 한다. 또한 조직을 위해 세운 목표를 실행해야만 한다. 마찬가지로 조직 내 사람들이 각자 자신을 이해하길 바란다면 우리는 우리 자신을 이해해야만 한다. 그리고 그 사람들과 함께 연구해야만 한다.

얼 나이팅게일과 일하면서 가장 즐거웠던 점은 그가 쉴 새 없이 공부했다는 점이다. 나이팅게일은 항상 배우고자 했고 그 모습은 흡사 "내 삶이 내 메시지다."라고 말하는 간디 같았다. 나이팅게일의 삶 자체가 메시지였다.

나는 그가 무엇을 하고 무엇을 공부하는지 지켜봤다. 언젠가 그가 책상 위 독서대에 20세기 초에 활동한 동기부여 작가 토머스 트로워드Thomas Troward의 책을 올려놨는데 책의 어느 한 페이지가 잘 보이게 펼쳐져 있었다. 나는 궁금해서 그에게 물었다.

"저건 어떤 의미인가요?"

"저는 이 부분을 석 달 동안 공부했습니다."

"한 페이지를요?"

"네. 그 페이지를 온전히 다 이해하면 다음 페이지로 넘어갈 거예요."

나도 따라 하기 시작했다. 트로워드가 쓴 책을 모두 사들였고 매일 공부했다. 그리고 나이팅게일이 하는 일을 하기 시작했다. 그는 내게 메시지였다. 그것이 바로 우리가 해야 할 일이라고 생각한다. 사람들을 이끌어가려면 그들에게 바라는 행동을 직접 해야 한다. 먼저 행동하지 않는다면 사람들에게 어떤 일을 하라고 말해봐야 아무 소용없다.

———

당신의 DNA에 새겨진 패러다임을 이해하라

패러다임은 누구든 배우고 활용할 수 있는 중요한 개념이다. **패러다임은 우리 삶의 모든 것을 지배한다.** 이제 나는 이 개념을 꽤 이해했다고 생각하지만 더 알고 싶고 그래서 계속 공부하고 있다.

뭔가를 바꾸고 싶다면 '반복'해야 한다. 만일 태어나서 자기 이름을 딱 한 번만 들었다면 그게 무엇인지조차 알지 못했을 것이다. 하지만 사람들이 우리가 대답할 때까지 이름을 반복해서 불러주었기 때문에 우리는 자신의 이름을 안다.

오늘날 사람들을 지배하고 있는 수많은 생각은 터무니없

이 황당하다. 그 생각들은 아마도 300~400년 전에 살았던 누군가에게서 비롯되어 이후 DNA를 통해 전달되고 지금의 우리가 가진 DNA 일부가 됐으리라. 그리고 우리가 세상에 나올 때까지 배 속에서 자라나는 기간, 즉 280일 동안 그 생각들이 DNA에서 흘러나오기 시작한다. 이때 우리의 마음은 활짝 열려 있어서 주변에서 벌어지는 모든 일이 곧바로 우리의 잠재의식 속에 꽂힌다.

대부분 사람은 불리한 상태, 즉 당장이라도 최악의 결과를 마주할 수 있는 조건에서 출발한다. 그래도 괜찮다. 우리는 그 처지를 바꿀 수 있기 때문이다. 내가 바뀌기 시작한 때는 스물여섯이었다. 나는 그 변화를 지속하기 위해 상당히 잘해오고 있고 또 수백만 명이 달라질 수 있도록 도움을 주고 있다. 하지만 여전히 배워야 할 것들이 많다.

내가 이 분야에 몸을 담은 지도 꽤 오래되었다. 40여 년 동안 사람들의 변화를 돕는 일을 하며 학교와 회사에서 일했고 교도소에서도 일했다. 인간이란 존재는 삶의 멋진 결정체다. 인간의 내면에는 놀라운 힘이 있고, 이 힘을 제대로 발휘하려면 우리 안의 무엇과 관련되어 있는지 이해해야 한다. 예를 들어 자동차를 운전하려면 변속기어가 어디에 쓰이는지 이해해야 한다. 컴퓨터로 일을 하려면 컴퓨터의 기능을 이해해야 한다. 컴퓨터에는 여러 프로그램이 설치되어 있고, 만일 프로그램을 변경하고 싶다면 코딩을 하는 누군가에게 그 일을 맡겨야 한다.

패러다임이 바로 인간의 프로그램이다. 나라는 생체 컴퓨터 안에 설치된 프로그램인 것이다. 지금 우리의 인생을 제어하는 프로그램을 코딩한 사람들은 마음에 대해 아무것도 몰랐고 그저 자신이 받았던 그대로 전달하고자 했다. 이들은 '반복'을 통해 이 프로그램을 우리의 DNA에 설치했다. 그렇게 우리는 똑같은 것을 몇 번이고 반복해서 배웠다. 어떻게 숟가락을 사용하는지, 어떻게 걷는지, 어떻게 뛰는지 등 그 방법은 반복이었다. 끈기 있고 지속적이며 일정한 간격을 둔 반복 말이다.

태도가 모든 것을 결정한다

태도가 전부다. 누가 이 책을 얼마나 잘 활용할지도 바로 그 사람의 태도에 달려 있다. 태도는 우리의 생각과 감정, 행동의 합성물이며 이 세 가지는 마치 무지개의 색깔처럼 잇닿아 있다.

나는 태도에 관해 나이팅게일이 글을 쓰고 녹음한 〈마법의 말〉 오디오 강연을 반복해서 들었는데 아마 1만 번쯤은 들은 것 같다. 나이팅게일이 말한 **마법의 말은 바로 '태도'다.** 이 강연을 여러 번 반복해서 들으며 태도가 무엇인지 깨달았고, 나의 태도는 어떤지 알게 되었다. 알고 보니 나는 내가 누구인지, 내가 무엇을 할 수 있는지에 대해 나쁜 태도를 보이고 있었다.

먼저 태도가 무엇인지부터 알아야 했고 그다음에 이것을 어떻게 바꿔야 하는지 깨달아야 했다. 나는 태도를 공부했고 내 태도가 만들어지는 방식을 바꿨다. 내 태도는 다른 누군가가 반복을 통해 만들어준 것이었다. 태도에 관한 나이팅게일의 이야기는 그때까지 내가 알고 있던 모든 것을 부정했다. 나는 그 오디오 강연을 듣고 또 들었다.

내게는 검은색 가죽으로 제본된 나폴레온 힐의 《생각하라 그리고 부자가 되어라》가 한 권 있다. 스물여섯 살이었던 1963년부터 나는 매일 이 특별한 책을 읽는다. 처음 이 책을 받았을 때 나는 이렇게 말했다.

"전 이 책을 읽을 수 없어요."

진심은 아니었다. 책을 잘 읽지는 못했지만 대부분 사람이 읽는 수준, 그러니까 7학년 수준 정도로는 읽을 수 있었다. 이 책을 읽기 시작했을 때 두 살 많은 누나 헬렌에게 팻이라는 친구가 있었는데 그녀도 책을 좋아했다. 팻은 언제나 책을 보고 있었고 늘 책과 함께였다. 아마도 동네 도서관에 있는 책은 전부 읽었을 것이다. 누나는 팻에게 내가 책을 보기 시작했다고 말했다. 나중에 팻이 내게 물었다.

"헬렌이 그러는데 너 요즘 책 본다며?"

"응."

"뭐 읽는 중이야?"

"좋은 책이야. 누나도 좋아할 것 같아.《생각하라 그리고 부자가 되어라》."

팻은 미소를 띠었다. 몇 달 후 다시 팻을 만났다.

"너 지금도 책 읽니?"

"응."

"요즘은 뭐 읽는데?"

"《생각하라 그리고 부자가 되어라》."

"세상에! 지난번 만났을 때 네가 푹 빠져 있던 책 아니야?"

"맞아. 아직도 그 책을 읽고 있어."

팻은 나를 약간 희한하다는 듯 바라보았다. 다시 몇 달이 지나고 그녀가 물었다.

"지금도 책 읽고 있어?"

"그럼."

"뭐 읽는데?"

"《생각하라 그리고 부자가 되어라》."

그 책 한 권을 정말 오랫동안 읽었다. 당시 나는 패러다임을 바꾸는 행동을 하고 있었던 것이지만 그것을 인식하진 못했다. 의도적으로 하는 일이 아니었다. 그저 읽고 있는 책에 마음을 빼앗겼을 뿐이었다.

팻은 내가 이상하다고 생각했다. 자신은 책 한 권을 읽으면 곧장 다른 책으로 넘어갔기 때문이다. 정말로 많은 책을 읽었기 때문에 교양은 있었지만 그녀는 스스로에 대해서조차 잘 알지 못했다. 그녀는 건물관리인이었고 그들 부부는 가진 게 없었다. 그 어디에도 도달하지 못했고 인생에서 아무것도 일궈낸 것이 없었다. 신이 만든 가장 높은 수준의 창조물로 태어났음에도 그녀는 그럭저럭 살 뿐이었다.

나는 세미나에서 종종 이렇게 말한다. "좋은 책 한 권을 두 번째로 읽었을 때 그전까지 그 책에 없었던 부분을 보게 되는 게 아닙니다. 그전에는 없었던 여러분 자신의 무언가를 보는 거죠."

반복은 깨우침을 낳는다. 반복이 필수 불가결하다는 걸 보여주는 또 다른 사례가 있다. 어렸을 적 잭 그레고리라는 친구가 있었다. 나는 잭의 집에서 함께 장난감을 가지고 놀다가 이렇게 말했다.

"너들 오고 있어?"

그러자 잭의 엄마가 단어를 고쳐주었다.

"밥, '너들'이 아니라 '너희'야."

나는 그녀가 잘못 알고 있다고 생각했다. 한 명이 아니라 여러 명을 부르는 말이니 너'들'이 바른 표현이라고 생각했다. 나는 계속 '너들'이라는 표현을 썼고 그때마다 잭의 엄마는 계속 고쳐주었다. 그러던 어느 날 누군가가 한 명 이상의 사람들을 부를 때 "너희 오고 있어?"라고 말하는 것을 들었다. 또 다른 누군가가 비슷한 상황에서 "너희 오고 있어?"라고 말하는 것도 들었다.

이때부터 나는 잘못 알고 있었던 단어를 고치려고 애썼다. "너들 오고 있어?"라는 말이 순간적으로 나오려고 하면 잠깐 멈췄다가 "너희 오고 있어?"라고 말했다. 이렇게 말하는 것이 몹시도 불편하다고 느꼈지만 결국에는 그 습관을 바꿨다.

이제 나는 누군가가 "너들"이라고 말하는 것을 들을 때마다 곧바로 잭의 엄마를 떠올린다. 그녀는 나를 깨우치기 위해 반복해서 알려주었다. 물론 그녀도 자신이 무슨 행동을 하는지 몰랐으리라. 하지만 그녀는 그렇게 했다.

우리가 해야 하는 일이 바로 이것이다. 매일 하는 습관적인 행동으로는 원하는 결과를 얻을 수 없다는 깨우침을 얻어야 한다. 어떻게 자신의 행동을 바꿀 수 있는지 깨달아야 하고, 그 행동을 만들어낸 것과 똑같은 방식으로 바꿔야만 한다. 바로 '반복'을 통해서 말이다.

똑같은 책을 읽자. 똑같은 오디오 강연을 듣자. 6개월 동안 하루에 두 번씩 나이팅게일의 〈마법의 말〉을 듣는다면 장담컨대 자신의 태도를 몹시도 예리하게 느낄 것이다. 그리고 **그 깨우침은 당신의 인생을 바꿀 것이다.** 나는 지금도 낡은 전축과 1960년대에 녹음된 〈마법의 말〉이 담긴 18센티미터짜리 음반을 가지고 있다. 매일 그 음반을 반복해서 듣고 또 듣는다. 그럴수록 현재 나의 태도보다 더 훌륭한 태도로 나아갈 수 있음을 알기 때문이다.

제2장

스스로 원하는 것을
만들고 욕망하라

만일 욕망이 있다면
이룰 수 있는 능력도 있는 것이다.
능력은 욕망과 함께 온다.

_나폴레온 힐

우리 대부분은 자신이 원하는 패러다임, 자신의 손으로 직접 만든 패러다임 안에서 살지 못한다. 자기만의 패러다임으로 사는 사람은 극히 드물다. 많은 사람이 부모나 보호자, 그 밖의 누군가가 만들어준 패러다임으로 살아가며 그 패러다임이 평생을 좌지우지한다.

생각은 심은 대로 자란다

당신의 패러다임에 따라 작동하는 잠재의식은 활짝 열려 있어서 주변에서 벌어지는 모든 일을 곧바로 받아들인다. 잠재의식은 완전히 연역적이다. 그 무엇도 스스로 만들어낼 능력이 없고, 도덕관념도 없다. 잠재의식은 땅과 같다. 그 속에 무엇을 심든 전혀 상관하지 않는다. 얼 나이팅게일이 〈가장 낯선 비밀〉을 통해 표현했듯 우리는 땅에 옥수수를 심을 수도 있고, 바로 곁에 독초인 까마중을 심을 수도 있다. 옥수수든 까마중이든 둘 다 땅에서 아주 풍성하게 자라날 것이다.

잠재의식도 마찬가지다. 그 속에 무엇을 심든 자라날 것이다. 땅이 그렇듯 잠재의식도 그저 받아들이고 키울 뿐 무엇이 좋고 나쁜지는 판단하지 않는다. 그리고 **잠재의식에 심긴 생각은 행동으로 고스란히 드러난다.**

우리는 수도 없이 많은 강의에 참석해서 어떻게 살고 싶은지, 어디서 살고 싶은지, 무엇을 하고 싶은지, 누구와 어울리고 싶은지 쓰곤 한다. 이런 내용을 가지고 세세한 구석까지 모두 써보면 하나의 그림이 완성된다. 대부분 사람은 보통 여기서 끝낸다. 그러나 상상과 판단이라는 능력으로 아무리 멋진 그림을 그려냈어도 반복 없이는 잠재의식이 될 수 없다. **오직 반복을 통해서만 그림에 담긴 생각을 잠재의식 속에 심을 수 있다.** 따라서 우리는 생각을 쓰고 또 써야 한다.

매일 아침 나는 문장 아홉 개를 쓰고 녹음하는 일을 세 번씩 반복한다. 그리고 이것을 동업자인 샌디 갤러거에게 보내는데 샌디도 똑같이 한다. 우리가 서로 같은 생각을 공유한다는 의미다. 이런 반복과 공유를 통해 우리는 사업을 바라보는 방식과 이루고 싶은 목표, 즉 비전을 강화한다. 우리는 이런 의식을 계속 이어갈 것이다. 그렇게 회사를 꾸려가며 우리가 살고 싶은 세상을 만들어나갈 것이다.

이것이 바로 지금 해야 할 일이다. 글을 쓰자. 글을 쓰면 생각을 하게 되고 생각을 하면 그림을 그릴 수 있다. 상상력을 발휘해 머릿속에 그림을 그리고, 말과 글로 그림에 색을 입혀 아름다운 작품으로 완성하자.

언젠가 한 미술가에게 어떻게 그토록 아름다운 작품을 만들어낼 수 있었는지 물었는데, 그는 이렇게 대답했다. "저는 꿈속에서 그림을 그립니다. 그리고 꿈을 그림으로 그리죠." 바로 이것이 우리가 해야 하는 일이다. 그림을 그리는 꿈을

꾸고 꿈을 그림으로 그리는 일. 이런 비전을 몇 번이고 반복해서 쓰는 것은 잠재의식을 통해 보편적 지성universal intelligence에 심는 것이다.

이 보편적 지성은 법칙대로 작용한다. 이것은 당신이 아프리카 한가운데에 있든지, 시카고 한복판에 있든지 어디에 있든 상관없이 모두에게 똑같이 적용되는 법칙 중에 법칙이다! 당신이 원하는 생각을 지속 반복적으로 잠재의식 속에 깊숙이 새겨 넣으면 이 생각은 법칙에 따라 반드시 당신을 통해 드러나게 되어 있다. 원하는 생각을 지속적으로 의식에서 반복해서 잠재의식에 새기는 사이에 당신은 다른 행동을 할 수밖에 없고 그 행동은 반드시 다른 결과로 나타날 수밖에 없다.

《시크릿》이 출간되고 얼마 지나지 않아 비행기를 탔는데 뒷좌석에 앉은 어떤 남자가 손을 뻗어 내 어깨를 툭툭 쳤다. 나는 돌아보며 물었다.

"누구시죠?"

자신을 프로골퍼라고 소개한 남자는 뉴욕에서 열리는 페덱스 토너먼트 대회에 참석하러 가는 길이라고 했다. 그리고 얼마 전에 《시크릿》을 읽었다면서 이렇게 말했다.

"선생님이 저를 좀 도와주실 수 있을 것 같네요."

"어쩌면 '아주 많이' 도울 수 있을 겁니다."

어쩌다 보니 정말 그렇게 되기는 했지만, 나는 남자에게 새로운 패러다임을 만들어내려면 잠재의식 속 생각들을 어떻게 바꿔야 할지 말해주었다. 바로 이것이 지금 당신이 해야 할 일이다. 패러다임은 우리의 행동을 지배하고, 우리가 원하는 결과를 안겨주는 그림과 같다. 왜 그런 결과가 나왔는지는 걱정할 필요 없다. 당신과 합이 맞기 때문에 나타나는 결과일 테니까.

자신이 진정 원하는가를 물어라

"그 무엇도 창조되거나 파괴되지 않는다." Nothing is created or destroyed. 이 말에 대해 한번 생각해보자. 과학과 신학은 모든 것이 이미 여기에 어떤 상태로든 존재한다고 가르친다. 사람들은 가끔 결정을 내리지 못해 어려움을 겪는다. 부富가 어디서 모습을 드러낼지 모르기 때문이다. 결정을 내릴 때 고려해야 할 유일한 전제조건은 이것이다.

'나는 그러길 원하는가?'

돈, 지원, 사람 등 그 무엇도 중요하지 않다. 결정을 내릴
때 생각해야 할 오직 한 가지는 '나는 그러길 원하는가?'다.

우리가 원하는 것은 우리가 움직이는 주파수보다 훨씬 더
높은 주파수에 있다. 결정을 내리고 그 결정에 충실할 때 우
리는 원하는 것이 있는 주파수로 마음을 돌리게 된다. 그리
고 그 주파수에 머무르며 내린 결정은 우리의 새로운 패러
다임이 된다. 이 주파수를 유지해야 한다. 주파수는 행동뿐
아니라 우리가 끌어당기는 대상을 통제하기 때문이다. 우리
의 마음은 라디오나 전화기와 같은 방식으로 움직인다. 그렇
기 때문에 **우리가 욕망하는 가치의 주파수에 맞춰 움직여야
한다.**

내가 열다섯 살이었을 때 우리 집에 처음으로 전화기가 생
겼다. 50명 정도 되는 사람이 한 번호를 공유해서 쓰는 공동
전화였다. 왜 당시에는 공동 전화라는 걸 썼을까? 무한히 많
은 주파수가 존재한다는 사실을 몰랐기 때문이다. 일단 이
점을 짚고 넘어가자. 지금은 당연히 아는 사실이지만 지구
상의 모든 사람이 각자의 전화번호를 가질 수 있다. 세상에

는 무한히 많은 주파수가 존재하기에 수백만 개의 전화번호도 존재한다.

우리가 쓰는 전화번호는 주파수다. 우리 마음속에서는 패러다임이 주파수다. 잠재의식 속 그림은 우리가 존재하는 주파수며 우리가 무슨 일을 하고, 무슨 일이 다가올지를 지시한다.

이 책을 집필하는 동안 바깥세상에서는 팬데믹이 진행되고 있었다. 슬픈 일이기는 하지만 이 사건이 나를 멈추지는 못할 것이다. 나는 법칙에 따라 움직이고 있고, 따라서 내게 필요한 모든 것이 끌려올 것을 안다. 내가 온전히 필요로 할 때, 즉 그전도 그 후도 아닌 '바로 그때' 끌려올 것이다. 그것이 법칙이 작동하는 방식이다. 그러니 나는 인내심을 갖고 내가 원하는 것이 있는 주파수에 머물기 위해 필요한 일을 해야 한다.

반복해서 새기고 느끼고 그려라

여전히 나는 내가 가진 것보다 더 많은 것을 원한다. 더 많은 돈을 원하는 것이 아니라 내가 더 많이 성장하기를 바란다. 나는 무한한 지성이나 신과의 하나 됨에 관해 좀 더 깨우치고 싶다. 이해하고 배우기 위해 정진하고 또 정진하면 결국 깨우칠 수 있으리라고 믿는다. 우리는 지금보다 더 정진해야만 한다. 자신이 욕망하는 가치를 그림으로 그리고 글로 써야 한다. 마음속에 이미지를 만들어냈다면 반복을 통해 그 이미지를 잠재의식에 새기고 스스로 느끼도록 해야 한다. 이를 실현해야 한다.

네빌은 이를 '**결정적 상상**'Determined Imagination이라고 불렀다. '**이루어졌다고 생각하는 것이 모든 기적의 시작**'이라는 의미다. 목표를 향해 노력하는 것이 아니라 마음속에서 이미 이뤄졌다고 생각한 자신의 모습에 감정적으로 이입하는 것이다. 이것이 육체적인 차원으로 넘어가는 것은 시간문제다. 당신은 지금 그렇게 살아야 한다. 이때 '지금'의 의미란 이렇다. 마음속에서 원하는 것을 본 순간, 감정적으로 이입하는 순간 이미 당신이 이룬 것처럼 여겨라.

때론 주변 사람들이 미쳤다고 말할지 모르지만 그래도 괜찮다. 그들은 우리가 무엇을 하든 그렇게 생각할 것이다. 그들은 모른다. 자신이 모른다는 사실조차 모른다. 우리는 앞으로 나아가고 있고, 자신은 그렇지 못하기 때문에 우리가 미쳤다고 생각한다. 심지어 우리가 실수하고 있다고 생각할지도 모른다. 사실을 말하면, 우리는 올바른 방식으로 행동하기 시작했지만 이렇게 행동하는 사람은 아주 극소수다. **사람들의 95퍼센트가 똑같이 노력하지만 오직 5퍼센트만이 성공한다.**

한 독일 여성은 나 역시 알고는 있었지만 한 번도 누군가에게서 들어보지 못한 것을 말해주었다.

"모든 성공은 5퍼센트의 전략과 95퍼센트의 마인드셋이에요."

옳은 말이다. 우리는 프로그래밍된 대로 살아왔고 외부에서 주어지는 환경과 조건에 따르는 방식으로 살아왔다. 또한 단순한 오감이 주는 자극에 쉽게 반응하고 휘둘리며 살도록 배웠다. 세상은 우리에게 이렇게 말한다. "내가 네게 말하는 걸 들을래?" "내가 네게 보여주는 걸 볼래?"

우리 집에는 강아지 두 마리가 산다. 우리 강아지들은 보고 듣고 냄새를 맡고 맛을 보고 무언가 만질 수는 있지만 나처럼 관점, 의지, 판단, 상상, 직관, 기억 같은 지적 능력은 가지고 있지 않다. 외부에서 들어오는 감각에 따라 살면 인간만이 지닌 지적 능력을 사용하지 못한다.

목표는 이루기 힘든 것이어야 한다

한편 우리는 잘못된 방향으로 상황을 풀어나가곤 한다. 그 배경에는 잘못된 목표가 있다. 나는 목표를 A형, B형, C형으로 분류한다. A형 목표는 이미 얻는 법을 알고 있는 목표다. 그러나 목표는 얻는 것이 목적이 되어서는 안 된다. 얻는 것은 그저 부산물에 지나지 않는다. 목표는 성장을 위한 것이다. 목표는 우리 내면에 잠들어 있는 놀라운 힘을 끌어올릴 수 있게 해준다.

언젠가 세미나에서 어떤 사람에게 물었다.

"당신의 목표는 무엇인가요?"

"저는 새 차를 가지고 싶어요."

그 사람이 말했다. 나는 다시 물었다.

"어떤 차를 원하나요?"

"폰티악이요."

"지금은 무슨 차를 몰고 있죠?"

"폰티악이요."

"아, 그렇군요. 그 차는 연식이 얼마인가요?"

"4년 됐어요."

"그럼 그 차를 소유한 지는 얼마나 되었나요?"

"4년이요."

"그렇다면 4년 전 새 폰티악 차를 샀다는 거네요. 맞나요?"

"네."

"그렇다면 그건 좋은 목표가 아니에요. 이미 당신은 어떻게 새 폰티악을 가질 수 있는지 알고 있어요. 빵을 사려고 가게에 가는 것은 목표가 아니에요. 뭐, 그래도 계속 빵을 사러 가겠지만요. 하지만 그 행동에는 더 나아질 수 있는 성장이랄 게 없죠."

한편 B형 목표는 자신이 할 수 있다고 생각하는 목표다. "이 사람이 제게 빚을 갚았어요. 그리고 이렇게 저렇게 일이 진행되면 제가 세운 목표를 달성할 수 있어요."라는 식이다. 즉 B형 목표는 어떻게 그 목표에 도달할 수 있는지 아는 것이다. 상황과 환경, 조건이 특정한 방향으로 이뤄지면 달성할 수 있는 목표다.

이와 달리 C형 목표는 어떻게 이룰 수 있는지 도무지 알 수 없는 것이다. 명확하지 않고, 이전에 해봤던 그 무엇과도 다르지만 당신이 분명 원하는 것이다. 내가 원하는 집이고, 내가 원하는 직업이다. 내가 원하는 사업이고, 내가 원하는 업적이다. 그렇지만 어떻게 해야 할지 알지 못한다. 돈도 없고, 시간도 없고, 현실로 이룰 수단도 없다. 하지만 당신은 원한다.

바로 이 사실이 목표를 이루기 위한 유일하고 진정한 전제 조건이다. **즉 당신이 진정으로 원해야 한다.** 무언가를 원한다는 것은 인간이라는 존재의 본질, 즉 내 안의 완벽성에서 비롯된다. 내 안의 완벽하고 영적인 DNA가 동기를 부여하고 진정으로 원한다고 스스로를 밀어붙이는 것이다.

1973년, 일리노이주 글렌뷰시의 메이플우드 레인 가에 있는 집에서 생긴 일이다. 나는 나이팅게일-코넌트에서 막 사직한 상태였고 가족을 제외하고는 완전히 혼자였다. 나는 펜을 꺼내 들고 이렇게 혼잣말을 했다. "나는 세계 곳곳에서 운영되는 회사를 만들 거야." 어떻게 해야 그 일을 이룰 수 있는지 전혀 알지 못했다. 제대로 이뤄낼 수 있을 만큼의 돈도 없었다. 어떤 도움도 받을 수 없었고, 같이 일할 직원도 없었지만 내게는 '생각'이 있었다.

앤드류 카네기가 말했듯 **마음속에 품은 생각은 두려운 것이든 숭배하는 것이든 쉽게 접근할 수 있는 가장 편안하고 적절한 형태를 곧장 갖추기 시작한다.** 나는 이루고 싶은 일을 생각한 순간 성경에 등장하는 욥이 겪은 극심한 고통을 떠올렸다. "내가 두려워하는 그것이 내게 임하고 내가 무서워하는 그것이 내 몸에 미쳤구나."(욥 3:25) 무언가를 두려워하면 두려워하는 그 대상을 끌어당기게 된다.

나는 어떻게 실현할 수 있을지 모르면서도 노트에 이렇게 썼다. '나는 세계 곳곳에서 운영되는 회사를 만들 것이다.' 지금 나는 전 세계 89개국에서 회사를 운영하고 있다. 텔레비전 방송국을 세웠고, 전 세계에 방송을 할 수도 있다. 세미나를 생중계하면 119개국까지 연결된다.

1973년에 마음속으로 상상한 그림이 정말로 현실이 되었다. 지금 나는 약 3,000명의 컨설턴트와 함께 일하고 있고 이제 그 수가 10만 명이 되기를 원한다. 아직 목표에 도달하려면 멀었지만 지금 나는 마치 이뤄낸 듯 행동한다. 내 의식 속에서는 이미 이뤘기 때문이다.

C형 목표를 가지면 예전에 가보지 못했던 곳으로 갈 수 있

다. 스티브 잡스가 이런 말을 한 적이 있다. "앞만 내다보면 서는 점을 이을 수 없다. 뒤를 돌아봐야만 점을 이을 수 있다." 우리는 지금 있는 자리까지 어떻게 왔는지 되돌아볼 수 있지만 우리의 시선이 향하고 있는 곳으로 어떻게 갈지는 볼 수 없다. 하지만 마음속에 그림을 품고 감정적으로 계속 이입할 때 그 방법은 저절로 모습을 드러낸다.

일단 상상의 왕국을 그리고 올바르게 확장하도록 하자. 그러면 모든 것이 당신에게 주어지고 필요한 모든 것을 끌어당길 수 있다. **일단 그림만 그린다면 필요한 모든 것은 당신이 필요로 하는 바로 그 순간에 찾아올 것이다.**

이미 꿈을 이룬 사람처럼 말하고 행동하라

15년도 더 전의 일이다. 나는 워싱턴주 밴쿠버에서 세미나를 하고 있었다. 금융 전문 변호사라는 한 여성이 찾아왔다. 이 여성은 내 세미나를 경영 관련 프로그램으로 듣고 참석했던 것이지만 실은 경영과는 상관없는 프로그램이었다. 세미나의 주제는 '부자가 되는 과학'Science to Getting Rich이었다. 예상과 달랐지만 그녀는 세미나 내용에 푹 빠져버렸다. 그녀는 법학박사 학위가 있었고, 은행을 사고팔거나 공공은행으로 바꾸는 일을 했다. 또 미국과 영국의 최고 명문 대학에 입학했고 수석으로 졸업했다.

그녀는 내가 운영하고 가르치는 일에 반해서 내 회사에서 파는 모든 것을 사들였다. 그리고 3년 후 나의 동업자가 되었고 현재 회사 지분의 절반을 소유하고 있다. 그녀가 바로 프록터 갤러거 인스티튜트의 샌디 갤러거다. 그녀의 천재적 능력은 우리 회사가 성장하는 데 큰 도움이 됐다. 샌디는 돈을 잘 알지만 나는 그렇지 않다. 나는 돈을 어떻게 버는지는 알지만 번 돈을 어떻게 운용하는지는 모른다.

더불어 회사가 매우 빠르게 성장한 이유가 또 있다. 나는 내게 필요한 것을 끌어당겼다. 갤러거와 나는 우리가 세운 스튜디오에서 능수능란하게 일할 수 있는 한 젊은이를 고용했다. 그는 영국 맨체스터 출신이었는데 무엇이든 다 할 줄 아는 사람이었다. 심지어 원한다면 영국에서 전화기 하나로 미국의 스튜디오 상황 관리도 가능했다. 또 나는 TV 부문에서 모든 일을 총괄하는 감독도 만났다. 우리는 우리가 아는 사람 중에서도 가장 뛰어난 사람들로 팀을 꾸렸다. 이들은 모두 내가 1973년의 그날 일리노이주 글렌뷰시의 집에서 쓴 문장 하나 때문에 끌려온 것이다.

그 문장을 쓴 뒤 나는 마치 그 목표를 이미 이룬 것처럼 일하기 시작했다. 그렇게 해야만 하기 때문이다. 네빌은 "미래는 현명하고 의식적으로 환경을 만들어가는 사람의 상상 속에서 현실이 된다."라고 했다. 또 그는 "결과로부터 생각하라."라고도 했다. 즉 목표를 향해 일하기 시작하는 것이 아니라 그 목표를 언급한 순간 목표에 도달했다고 여기는 것이다.

결과로부터 생각한다는 것은 이미 충족된 욕망의 세계를 진지하게 인식하는 것으로, **목표를 이룬 자신의 모습을 상상하고 그 모습대로 행동하는 것이다.** 그러니 인생을 살고 싶은 방식을 담은 하나의 그림으로서 패러다임을 세워라.

생각해보자. 인생의 모든 측면을 생각했을 때 당신은 앞으로 어떻게 달라지고 싶으며, 어떤 모습이기를 바라는가? 그 모습을 상세하게 묘사해보자. 그리고 반드시 현재형으로 서술해야 한다. 어렵다면 모든 문장을 다음과 같은 식으로 써보자.

나는 지금 _____해서 정말 행복하고 감사하다.

혹자는 이런 방법이 너무 멀리 가는 것이 아닐까 우려한다. 그들은 목표가 적어도 어느 정도는 현실에 뿌리를 두고 있어야 한다고 말한다. 도를 넘어선 목표는 무리일 수도 있기 때문이다. 그러나 '현실'이란 말은 참 우스운 단어다. 현실 역시 패러다임의 일부일 뿐이다. 생각해보라. 라이트 형제의 목표도 결코 현실적이지 않았다. 언젠가 운이 좋게도 에드먼드 힐러리 경과 함께 일할 기회가 있었는데, 생각해보면 그가 세계 최초로 에베레스트산을 오르기 전 모두가 그의 목표를 두고 현실성이 없다고 말했다. 수많은 사람이 에베레스트산을 오르다 죽었기 때문이다.

우리가 할 수 있는 일에는 한계가 없지만 처음부터 지나치게 도를 넘어선 경우라면 곤란해질 수는 있다. 억지로 상황을 끌고 나가야 하기 때문이다. 우리는 마라톤을 뛸 만큼 몸 상태를 갖추려면 얼마나 걸릴지 알지 못한다. 백만 달러를 벌기 위해 얼마나 걸릴지 알지 못한다. 다만 그곳에 언젠가는 도달할 수 있다는 것만 안다. 또 사람마다 필요한 시간은 모두 다를 것이다.

새로운 패러다임은 하나의 생각이고, 하나의 씨앗이 뿌리를 내리는 데는 잉태의 시간이 필요하다. 인간의 아기에게는 약 280일이, 내가 사는 캐나다에서 재배하는 당근은 70일이 필요하다. 하지만 영혼의 씨앗, 즉 생각이 뿌리내리기까지 얼마간의 잉태 기간이 필요한지 우리는 알지 못한다(실은 그 누구도 생각의 잉태 기간을 알지 못한다). 당장은 추측할 뿐 보통 은 틀리게 추측한다.

지금까지 나는 잉태 기간을 정확하게 추측해서 마음속으로 시각화한 날짜에 맞춰 목표를 달성한 사람을 두 명 정도 봤지만 이런 일은 흔치 않다. 그럼에도 우리가 할 수 있는 일에는 한계가 없다고 생각한다. 우리는 무한한 지성을 가지고 모든 일이 이뤄지는 법칙에 따라 노력하기 때문이다. 모든 일은 법칙에 따라 이뤄진다. 어떤 일이 잘못되거나 이뤄지지 않았다면 이는 법칙을 따르지 않았기 때문이다.

모든 것을 막힘없이 흘러가게 두어라

성경에 이런 말이 있다. "죄의 삯은 사망이요."(롬 6:23) 어렸을 적 이 말을 듣고는 이렇게 생각했다. '우와, 이건 너무 심하잖아!'

정말일까? 답부터 말하자면 정말이다. 나는 당시 이 구절에서 '죽음'이라는 의미가 무엇인지 이해하지 못했을 뿐이다. **창조하거나 해체하는 것은 삶의 기본적인 법칙이다. 앞으로 나아가지 않는다면 뒤로 되돌아갈 것이다.** 따라서 법칙을 어기면 죄가 된다. 우리가 뒤로 되돌아가고 있다면 법칙에 반해서 일하고 있고, 억지로 상황을 끌고 나가고 있다는 의미다. 반면에 법칙에 따라 일하면 앞으로 나아갈 수 있다. 적절하게 행동하면 모든 일은 아름답게 흘러간다. 정말로 힘겹게 나아가고 있다면 아마도 법칙을 거역하고 있을 것이다.

한때 나는 수백만 달러 규모의 회사와 어떤 프로그램을 진행했다. 나는 그 프로그램에 참여한 사람을 좋아했고 그 역시 나를 좋아했다. 그러나 우리가 하려던 일은 너무나 험난한 투쟁 같았고, 나는 그에게 이제 포기해야 할 것 같다고 말했다. 우리가 너무 힘겹게 나아가고 있었기 때문이다.

"아무래도 우리가 법칙을 거스르며 일하고 있는 것 같아요. 우리가 하는 일에 뭔가 잘못된 부분이 있을 거예요. 그게 뭔지는 모르지만 아마 당신도 제 생각에 동의할 거예요. 지금 우린 너무 힘들게 일하고 있는데 그래서는 안 되거든요. 막힘없이 흘러가야 해요."

상황이 잘 맞아떨어진다면 당신이 올바르게 잘하고 있으며 법칙에 따라 일하고 있다고 생각해도 좋다.

SF 작가인 로버트 앤슨 하인라인Robert Anson Heinlein은 이렇게 말했다. "명확하게 정의된 목표가 없다면 우리는 매일 사소한 일을 수행하기 위해 희한할 정도로 성실해지고 결국에는 그 사소함에 예속되고 만다."

나는 이 문장을 신생아의 상황에 빗대어 생각했다. 아기에게는 사소한 일들이 감당하지 못할 정도로 몰린다. 이를테면 아기를 둘러싸고 이뤄지는 대화라든지, 과하게 중요하다고 여기는 것들이라든지, "이런 일이 벌어지면 어쩌지? 저런 일이 벌어지면?"과 같이 이런저런 상황에 대한 걱정 말이다. 이 모든 사소한 것이 결국 아기를 옭아매고 아기의 패러다임이 된다. 이는 아기에게 어마어마한 해악을 끼친다.

아침에 침대에서 벗어날 이유를 만들어라

따라서 우리는 **인생의 목표, 즉 침대에서 벗어나기 위한 이유를 가져야만 한다.** 목표를 가지고 목표에 따라 움직일 때 모든 사소한 것은 마치 오리가 물을 튀기듯 튕겨 나갈 것이다. 우리는 사소한 그 무엇과도 맞지 않기 때문이다.

《패러다임》Paradigms을 쓴 미래학자 조엘 바커Joel Barker에 따르면 미래의 모습을 빚어내기 위해서는 패러다임을 바꿀 의지와 목표가 있어야 한다. 의지는 매우 중요하지만 목표가 없다면 하려는 의지도 없을 가능성이 상당히 크다. 애초에 전혀 납득이 되지 않는 일들을 해야만 하기 때문이다. 즉 자신의 패러다임에 어긋나는 일들을 하기 시작해야만 한다.

예를 들어 내 패러다임은 매일 새벽 5시 30분에 스튜디오에서 글쓰기 연습을 하는 것이다. 그리고 하루를 마감하면서 감사한 일을 열 가지 쓴다. 어려운 일은 아니다. 그렇게 하지 않았다면 지금쯤 힘들었을 것이다. 왜냐하면 내 패러다임의 일부이기 때문이다.

그러나 처음에 어떤 행동을 새로운 습관으로 만들려면 오래된 습관을 깨뜨려야 한다. 이는 쉬운 일이 아니다. 그래서 다이어트 프로그램을 시도하는 사람은 힘겨운 시간을 보낸다. 새로운 습관을 만들기 위해 오래된 습관을 깨뜨리는 중이기 때문이다. 단단한 목적의식이 없다면 힘든 시간을 버틸 수 없을 것이다.

따라서 진정으로 의미 있는 목표를 가져야만 한다. 그 목표는 아침에 침대에서 벗어날 이유가 된다. 우리는 그럭저럭 살아갈 정도로만 돈을 벌기 위해 이 세상에 온 것이 아니다. 진정한 목표는 그 일을 하기 위해 기꺼이 대가를 치를 정도여야 한다. 그 정도의 목표가 아니라면 절대로 그 일을 하지 않을 것이다.

그러면 목표는 어떻게 정할까? 여기에는 몇 가지 연습이 필요하다. 일단 자리에 앉아서 스스로 이렇게 질문해보자.

'나는 정말로 무슨 일을 하는 걸 좋아하지?'

우리는 모두 어떤 일을 정말로 잘할 수 있도록 타고난다. 나 역시 지금 내가 하는 일을 정말로 잘한다. 그 밖의 일들은 딱히 잘하지 않지만 하고 싶지도 않다. 나는 그저 내가 하는 일을 더 잘하기 위해 노력할 뿐이다.

아침 일찍 이 연습을 해보길 추천한다. 나는 하루 중 아침에 훨씬 창조적인 상태가 된다. 의사들이 아침 일찍 수술하는 이유가 여기에 있다. 아침에 의사들의 손길은 안정적으로 움직이고 환자들은 이해력이 빠르고 수용적이다. 아침에 일어나 스스로 이렇게 질문해보자.

'나는 어떤 일을 하길 정말로 좋아할까?'

이렇게 질문하다 보면 분명 목표를 찾을 것이다. 좋아하기 때문에 목표가 되는 것이다. 그러나 이 단계에서 잘못된 길에 접어들 수도 있다. 미국 피닉스에서 열린 한 세미나에서 있었던 일인데, 한 의사가 내게 와서 일을 그만두려 한다고 말했다.

"왜죠? 당신은 충분히 돈을 잘 벌고 있는데요."

"최근 의료계는 엉망진창이에요. 더 열심히 일하고 더 많은 시간을 갈아넣는데 돈은 더 적게 벌죠."

"네. 듣고 보니 그런 것 같네요. 그런데 당신은 왜 의사가 되고 싶었나요?"

"저는 그 일을 좋아하거든요."

"당신이 무슨 일을 하는지 더 생각해보세요. 당신은 그 일을 사랑하기 때문에 하는 거예요. 돈을 잘 벌고 아니고는 아무런 영향도 미치지 않아요. 당신은 하고 싶은 일을 하며 시간을 보내는 거예요. 당신은 돈을 벌기 위해 일하러 가는 게 아닙니다. 만족을 위해 일하러 가는 거죠. 당신은 돈을 벌기 위해 서비스를 제공하는 거예요."

욕망은 능력을 꺼내는 열쇠다

누군가가 해낸 일은 누구나 할 수 있다. 우리의 능력에는 아무런 한계가 없지만 그 능력은 욕망과 긴밀하게 연관되어 있다. 예를 들어 톰 브래디Tom Brady(미국 슈퍼볼에서 일곱 차례 우승한 미식축구의 살아 있는 전설―옮긴이)처럼 미식축구를 할 능력이 없다면 그처럼 미식축구를 하고 싶지는 않을 것이다. 나폴레온 힐은 이렇게 말했다.

"만일 욕망이 있다면 이룰 수 있는 능력도 있는 것이다. 욕망이 없다면 능력이 없는 것이다. 능력은 욕망과 함께 온다."

가난한 동네에 사는 가난한 소년(또는 소녀)일지라도 은행에 수백만 달러가 있기를 진심으로 바랄 수 있다. 설령 제프 베이조스만큼 돈을 갖고 싶다고 바라진 않더라도 말이다.

욕망이 있다면 능력도 있는 것이다. 어떻게 그런 일이 벌어지는지는 묻지 말자. 그 일이 벌어지기 전까지는 알 수 없기 때문이다. 힐러리 경은 에베레스트산 정상에 이르러서야 그곳에 어떻게 올라야 하는지 알았다. 라이트 형제는 비행기를 만들고 나서야 어떻게 비행기를 만드는지 알았다.

방법이 나타나긴 하겠지만 **자신이 원하는 가치의 주파수에 자신을 맞춰야 한다.** 대부분 사람은 AM 주파수에 맞춰놓고서 FM 음악을 듣길 소망한다. FM 음악을 듣고 싶다면 라디오를 FM 주파수에 맞춰야 한다.

타인의 패러다임에 맞춰 살다가 방향을 전환한 사례가 궁금하다면 바로 내 이야기를 들어도 좋다. 스물여섯 살 때 나는 왜소하고 수줍음 많고 자존감이 극도로 낮은 청년이었다. 아는 모든 사람에게 돈을 빌렸고, 성과를 내는 어떤 일도 해본 적이 없었다. 고등학교는 겨우 두 달밖에 못 채우고 퇴학당했으며 내가 봐도 그다지 괜찮은 사람이 아니었다. 삶에 대한 나의 태도는 말 그대로 형편없었다.

지금 나는 내가 아주 괜찮은 사람이라고 생각한다. 수백만 달러를 벌어들였고 수백만 사람을 도왔으며, 내가 참가한 게임에서 선두를 달리고 있다. 내가 하는 일을 나보다 더 잘하는 사람을 나는 알지 못한다. 그리고 내가 할 수 있는 일이라면 누구든 할 수 있다고 믿는다.

─────

누구에게나 바뀔 수 있는 씨앗이 있다

몇 년 동안 나는 캐나다에서 가장 경비가 삼엄하다는 킹스턴 교도소를 한 달에 한 번씩 방문했다. 그곳을 들락거리며 보안 담당자들과 협상을 했고 "누구든 제 이야기를 듣고 싶은 사람은 와서 들을 수 있습니다."라고 말했다.

"어이쿠, 그건 좀 우습네요."

그들이 말했다. 나는 이렇게 대꾸했다.

"아니요. 그렇지 않습니다. 오고 싶은 사람들은 누구든 올 수 있어야 합니다."

마침내 그들은 내 말에 동의했다.

이 교도소의 독방에 무려 7년 반 동안 갇혀 있던 남자가 있었다. 온타리오주 윈저 근처에서 강도질하다 무고한 사람을 총으로 쐈다. 총에 맞은 사람은 죽지 않았다. 만일 죽었다면 그는 교수형을 받았을 것이다. 당시 캐나다에서는 살인자를 교수형에 처했다. 대신 그는 27년형을 선고받았고 7년 반 동안 독방에 갇혀 있었다. 그리고 하루에 한 시간은 혼자 교도소 운동장에 나갔다. 교도관들은 그를 '미친개'라고 불렀다. 미친개는 키가 188센티미터에 몸무게가 90킬로그램 나가는 덩치 큰 사나이였다.

내가 교도소에서 교육을 시작하면 그는 멀찍이 뒤쪽에 앉았다. 나는 담배와 커피, 도넛을 가져왔고 그는 뒤쪽에 있는 탁자 위에 앉아 다리를 흔들면서 도넛을 먹고 담배를 피우며 커피를 마셨다. 그는 동물처럼 소란스럽게 굴었다. 내가 신념에 대해 말할 때도 웃으며 조롱했다. 그의 행동은 모든 사람의 관심을 끌었고 이런 상황이 석 달 동안 계속됐다. 아무래도 그를 제지하든지, 교도소에 그만 가든지 해야 할 것 같았다.

나는 교도소에 계속 가고 싶었지만 그가 무서웠다. 그러던 어느 날 그가 또다시 소란스럽게 굴기 시작하자 나는 말하기를 멈추고 천천히 뒤쪽으로 걸어갔다. 그리고 그 앞에 서서 이렇게 말했다.

"당신은 제가 만나본 사람 중 가장 어리석네요."

순간 남자의 근육이 불끈 솟고 얼굴이 벌게졌다. 나를 죽

일지도 모르겠다는 생각이 들었다. 갑자기 그가 큰 소리로 웃기 시작했다. 아마도 '이놈이 미쳤군'이라고 생각했을 것이다. 모든 일이 몇 초, 아니 몇만 분의 1초 만에 벌어졌다. 나는 다시 입을 열었다.

"전 당신보다 훨씬 빠르게 돈을 훔칠 수 있어요. 30분 안에 저는 보안직원에게 문을 열어달라고 말할 거예요. 밖으로 나가서 멋진 차에 올라타 이곳을 떠나겠죠. 당신은 감방으로 돌아가 또다시 20시간 동안 갇혀 있을 거고요."

그러자 남자가 조용해졌다. 다음 달 그는 앞쪽에 와서 앉았다. 누구라도 발을 질질 끄는 소리가 들리면 몸을 돌려 그 사람을 쏘아봤다. 마치 내 회의에 참석한 징계위원 같았다.

그 후 그는 특별가석방되었다. 교도소에 오기 전 결혼해서 두 아들이 있었는데 교도소에 있는 동안 아내가 딸을 낳았다. 교회 신부님이 아내와 재결합하도록 도와주었다. 그는 토론토를 떠날 수 없었다. 일주일에 한 번씩 시 경찰국에, 한 달에 한 번씩 기마경찰대에 보고를 해야만 했기 때문이었다. 그는 나와 함께 일하게 됐다. 1년이 지나고 나는 가석방 처리 사무실에서 책상을 내리치며 이렇게 말했다.

"당신들은 그를 계속 가석방 상태로 둘 권리가 없어요. 저는 영국에 갈 겁니다. 그리고 그도 저와 함께 갈 겁니다."

담당자들은 그의 가석방 허가증을 찢어버리고 여권을 되돌려줬다. 그는 길을 떠났다. 다시는 말썽에 휘말리지 않고 멋진 인생을 살았다. 이제 그는 세상을 떠났지만 죽을 때까지 넉넉하게 돈을 벌었다. **그에게 효과가 있었다면 그 누구에게도 효과가 있을 것이다.**

———

끊임없이 배우는 사람이 되어라

1969년 나이팅게일-코넌트에서 일할 때 인적자원학회를 열고 철학자 에릭 호퍼Eric Hoffer를 강연자로 초청했다. 한 번도 학교에 가본 적 없고 부두 하역부로 일했지만 자신감이 넘쳤던 그는《맹신자들》을 비롯해 훌륭한 책들을 집필했다. 학회에서 그는 이렇게 말했다. "변화의 시대에는 배우는 자들이 땅을 차지할 것입니다. 배웠던 자들이 더는 존재하지 않는 세상에 매달려 있었단 걸 깨닫는 동안 배우는 자들은 땅을 차지할 겁니다."

나는 연구를 계속하는 사람들은 행복하고 건강하고 부유

하게 살리라는 의미로 이 말을 받아들였다. 실제로 '배웠던 자' 같은 건 없다. **배우고 있든지, 아니든지 둘 중 하나다.**

또한 호퍼는 이렇게 말했다. "배우기 위해서는 어느 정도의 자신감이 필요합니다. 아주 과하지도, 아주 부족하지도 않은 정도로요. 자신감이 너무 적으면 아마 배우지 못하리라고 생각하겠죠. 자신감이 너무 넘치면 배울 필요가 없다고 생각할 거고요."

언제나 적당한 수준의 자신감을 가지는 것은 중요하다. 그래야 계속 성장하고 확장하고 우리 자신과 우리가 속한 세계, 우리가 할 수 있는 일을 배울 수 있다. 이 부분은 다음 장에서 다룰 것이다.

Change Your Paradigm, Change Your Life

제3장

성공하고 싶다면
당신 자신이 되어라

사람들이 당신을 어떻게 생각할지
더 이상 걱정하지 마라.

_빌 고브

앞에서 나이팅게일-코넌트에서 주최한 인적자원학회를 언급했는데, 1969년 오헤어 하얏트호텔에서 열린 그 학회에서 나는 빌 고브의 강연을 들었다. 약 1,000여 명이 참석한 그 자리에서 그는 손에 마이크를 쥐고 말했다.

"자유로워지고 싶다면 나는 내가 되어야 합니다. 여러분이 생각하는 내가 아니고, 내 아내가 생각하는 내가 아니며, 우리 아이들이 생각하는 나도 아닙니다. **자유로워지고 싶다면 나는 내가 되어야만 합니다. 그래서 내가 누구인지 알아야 합니다.**"

그는 청중을 유려한 연설로 쥐락펴락했다. 8년 동안 어마어마한 양의 지식을 찾고 공부했던 나는 연회장 뒤쪽 구석에서 이렇게 생각했다. '와, 저분 정말 잘하네! 내가 저렇게 할 수 있다면!'

얼 나이팅게일은 〈마법의 말〉을 녹음하면서 이렇게 말했다. "여기서 우리는 상당히 희한한 지점에 다다릅니다. 우리는 우리가 할 수 있는 일과 이룰 수 있는 목표를 최소화합니다. 그리고 역시 희한한 이유로 다른 사람들은 우리가 할 수 없는 일을 성취할 수 있다고 생각합니다. 여러분은 이게 사실이 아니라는 걸, 여러분의 내면에 재능과 능력으로 채워진 깊은 웅덩이가 있다는 걸 깨닫길 바랍니다."

1969년 그 학회에서 누군가 내게 "얼이 무슨 말을 한 건지 알아들으셨어요?"라고 물었다면 나는 주저하지 않고 이렇게 답했을 것이다. "당연히 이해했죠. 전 이 구간을 9년 동안 매일 들었으니까요." 정말 그랬다. 내가 빌 고브의 강연에 감탄만 하던 차에 갑자기 로켓 하나가 내 마음속에서 발사된 듯한 느낌이 들었다. '저게 나이팅게일이 말하고자 했던 거구나!'

나는 내가 빌 고브만큼 하지는 못하리라고 생각했다. 하지만 얼의 말을 떠올린 순간 고브처럼 할 수 있다고 생각했을 뿐 아니라 그에게서 배워야겠다고 마음먹었다. 나는 고브에게 그처럼 하려면 어떻게 해야 하는지 가르쳐달라고 부탁하는 메모를 남기기로 했다. 나는 배울 준비가 되어 있었다.

———

남들이 어떻게 생각할지 그만 걱정하라

자신감은 지식에서 나온다. 사람들이 자신감이 없다고 말할 때 이는 완벽한 진실은 아니다. 아마도 사람들은 옷을 차려입고, 신발 끈을 매고, 차를 모는 것은 자신 있어 할 것이다. 더 많은 일을 할 수 있다고 확신하기도 한다. 그런데 정말로 하고 싶은 뭔가에 대한 자신감이 없다면 그건 어떻게 하는지 모르기 때문이다. 어떻게 하는지 더 많이 알수록 더 큰 자신감이 생긴다.

나는 고브가 어떻게 그렇게 강연을 잘하는지 배워야겠다고 결심했다. 그를 소개받은 뒤 수천 달러를 지불하고 몇 차례 그와 함께 시간을 보냈다. 지금의 나는 전혀 고브처럼 말하지 않는다. 그도 자기가 내게 말하는 법을 가르쳤다고 생각하지 않을 것이다. 당시 나는 말에 어느 정도 재주가 있었기에 그에게 '말하는 법'을 배울 필요가 없었다. 그와 오랜 시간 이야기를 나눴을 때 그가 내게 가르쳐준 것은 오직 사람들 앞에서 차분하고 자신만만해지는 법이었다. **"사람들이 당신을 어떻게 생각할지 더 이상 걱정하지 마세요."**

이것이 내가 그에게서 배운 것이다. 작가 테리 콜휘태커 Terry Cole-Whittaker 는 《당신이 날 어떻게 생각하든 나와는 상관없다》 What You Think of Me Is None of My Business 라는 책을 썼는데, 책 제목처럼 세상은 그런 법이다.

스스로 어떻게 생각하는지가 중요하다

이렇게 되면 이와 관련된 문제가 하나 떠오른다. 바로 '다른 사람들이 어떻게 생각할까?'라는 이름의 정신적 횡포다. 얼 나이팅게일은 이 부분에서 나를 도와주었다. 그는 이렇게 말했다. "다른 사람들이 얼마나 아무 생각 없는지 안다면 그들이 어떻게 생각하는지 더 이상 걱정하지 않을 거예요."

평범한 사람에게 무슨 생각을 하는지 말해보라고 하면 아마 그는 할 말이 없어 난처해할 것이다. 켄터키주의 위대한 교육자 켄 맥파랜드Ken McFarland 박사는 이렇게 말했다. "사람들의 2퍼센트는 생각을 합니다. 3퍼센트는 생각을 한다고 생각하죠. 나머지 95퍼센트는 실제로 생각을 하느니 차라리 죽고 싶을 겁니다."

우리가 우리 자신을 어떻게 생각하는지는 중요하다. 그러나 다른 사람들이 우리를 어떻게 생각하는지는 중요하지 않다. 나 역시 예전에는 다른 사람들이 나를 어떻게 생각하는지 굉장히 걱정했다. 지금은 그렇지 않다. 다른 사람이 나를 어떻게 생각하는지는 내 인생에 아무런 영향도 미치지 않음을 깨달았기 때문이다.

내가 나를 어떻게 생각하는지가 가장 중요하다. 좋은 사람이 되려고 노력하고 뭔가를 성취해낸다면 사람들은 나를 좋아할 수도 있다. 하지만 사람들이 어떻게 생각하는지 걱정하며 살아간다면 많은 것을 이루지 못할 것이다.

빌 고브는 사람들 앞에서 느긋해지는 법을 가르쳐주었다. "기억하세요. 당신은 오직 한 사람에게만 말하는 거예요. 사람들이 꽉 들어찬 강연장일 수도 있지만 당신에겐 오직 한 사람만 있는 겁니다. 그 사실을 머릿속에 집어넣고, 당신에게 귀를 기울이는 사람과 가치 있는 뭔가를 공유하는 일에 진심으로 관심을 가져야 해요."

내가 나 자신을 어떻게 생각하는지에 집중하면 모든 일이 술술 풀린다. 그게 바로 내가 했던 것이고, 일이 풀린 방식이다. 이 글을 쓰는 지금 나는 여든여섯이다. 바라건대 앞으로 10년은 더 성장할 수 있으리라. 나는 앞으로도 모든 것이 평탄하게 흘러갈 거라는 사실을 안다. 나는 내가 좋다. 나는 내가 하는 일과 그 일을 하는 방식을 좋아한다.

다른 사람들이 자기를 어떻게 생각하는지에 대한 걱정은 대부분 인생의 초반기에 시작된다. 어린아이였을 때 우리는 부모님이 "이러면 이웃들이 어떻게 생각하겠니?"라고 말하는 것을 종종 듣곤 했다. 물론 이웃들은 이런저런 생각을 하겠지만 그들이 생각하는 것은 결코 아무런 영향도 미치지 않는다. 대부분 사람이 남들이 자신을 어떻게 생각할지 걱정한다. 그래서는 안 된다. 내가 나를 어떻게 생각하는지에 신경써야 한다.

지금 나는 어떻게 살아가고 있는지 잠시 살펴보자. 나는 내가 갈 길을 스스로 선택했는가? 내가 원하는 삶의 이미지에 따라 움직이고 만들어나가고 있는가? 아니면 그저 온 힘을 다해 하루하루 살아남으려 애쓰고 있는가?

지금 내가 어디에 서 있는지 알아야 한다. 또 어디로 가고 있는지도 알아야 한다. 얼 나이팅게일이 정의한 성공은 이제껏 들어본 정의 중 최고다.

"성공은 가치 있는 이상을 계속해서 현실로 만들어나가는 것이다."

이상이란 내가 사랑에 빠져버린 '생각'을 말한다. 스스로 욕망하는 가치를 향해 나아가면서 조금씩 깨우쳐가자.

돈 버는 법을 아는 사람을 만나라

모든 사람이 큰 부자가 되길 원하는 것은 아니지만 적어도 재정 상태가 안정적이길 원한다. 필요한 상품이나 서비스를 얻기 위해서는 돈이 있어야 하기 때문이다. 돈은 우리가 살아가는 세계에서 필수품이다. 사실 우리는 모두 커다란 부를 이룰 수 있다.

한번은 비행기를 타고 토론토에서 쿠알라룸푸르로 간 적이 있었다. 편도로 24시간이 걸리는 여정이었기에 혼자서 생각할 시간이 아주 많았다. 나는 계산기를 옆에 놓고 메모장에 글을 끄적이며 시간을 보냈다. 그리고 계속 생각했다. 어떻게 해야 사업을 키울 수 있을까? 어떻게 해야 새로운 아이디어를 떠올릴 수 있을까? 나는 숫자 1 뒤에 0을 여섯 개 붙여 '1,000,000'이라고 썼다. 나중에 60대가 되어 100만 달러를 벌었지만 내가 무엇을 해야 했는지는 정말로 몰랐다. 앞서도 말했지만 나는 나도 잘 모르는 자신감이 있었다.

아무튼 그러다 주변에서 100만 달러를 벌어들인 사람들을 떠올렸다. 그들은 뭐가 그리 달랐을까? 불현듯 그들도 전혀 다르지 않았다는 점을 깨달았다. 답은 그들이 단순히 하나의 소득원만 두지 않았다는 것이었다. 만일 직업이 있다면 소득원이 하나인 것이다. 그 일을 얼마나 잘하든, 한 시간에 얼마를 벌든 상관없다. 소득원은 여전히 하나다. 그러나 **부유한 사람들은 여러 가지 다양한 소득원이 있다.** 역사적으로, 심지어 고대 바빌로니아 시대로 거슬러 올라가도 부자들은 모두 다수의 소득원이 있었다.

갑자기 아이디어 하나가 떠올랐다. 어떻게 하면 복합적인 소득원을 만들어내서 100만 달러를 벌 수 있는지 사람들에게 가르쳐주는 세미나를 열기로 한 것이다. 그리고 우리는 그 일을 잘 해냈다. 여러 개의 소득원을 마련해서 누구든 부자가 될 방법을 잘 가르쳤다는 의미다. 누구에게나 소득원이 하나만 있지는 않다. 우리에겐 모든 종류의 소득원이 있다.

나는 제프 베이조스만큼 부유해지고 싶은 욕망은 없다. 수백만 달러를 갖고 싶지도 않다. 은행에 200~300만 달러가 있고, 일하느라 바쁜 것으로 족하다. 나는 기부하고 선행을 많이 하는 것을 좋아하며, 돈은 그렇게 써야 한다고 생각한다.

하지만 정말로 누구든 부자가 될 수 있다. 사실은 인터넷 덕분에 그 어느 때보다 부자 되기가 쉬워졌다. 나는 MSI 커넥트MSI Connect라는 회사를 세웠는데, MSI는 'Multiple Sources of Income'(다수의 소득원), 'Multiple Streams of Income'(다수의 수입 흐름)을 의미한다. 이곳에서 사람들은 함께 일하며 MSI를 만들기 위해 서로 돕고 투자하고 제휴를 맺는다.

세상에는 여러 다양한 길이 있지만 어느 길로 가고자 하든 패러다임을 바꿔야만 한다. 만일 돈을 버는 데 관심이 없다면 반드시 관심을 가져야 한다. **돈은 인생의 상당 부분을 지**

배하기 때문이다. 그래도 흥미가 생기지 않는다면 우리 안의 패러다임이 방해하는 것이다. 마치 경찰관처럼 버티고 서서 우리가 지나가지 못하게 막는다. 하지만 그 경찰관을 지나쳐 가야만 한다. 기존의 패러다임이 우리를 지배하도록 놔두지 않겠다고 결심해야 한다. "이젠 안 돼요. 저는 앞으로 나아가고 있어요. 절대로 멈추지 않을 거예요."라고 말하라.

얼마나 많은 돈을 벌고 싶은가? 서둘러 돈을 벌기 시작하자. 처음 《생각하라 그리고 부자가 되어라》를 읽었을 때 나는 1년에 4,000달러를 벌고 6,000달러의 빚을 지고 있었다. 1년 반 동안 먹고살 돈도 없이 번 만큼 갚아야 빚을 겨우 청산할 수 있었다. 그러나 그 책을 읽기 시작하고 1년도 채 되기 전에 매달 1만 4,500만 달러를 벌게 되었다. 누군가가 내게 바닥 청소를 하면 상당한 돈을 벌 것이라고 말해준 덕이었다. 나는 나 자신에게 말했다. "나는 거만하지 않아. 나는 바닥 청소를 할 거야." 그리고 사무실들을 청소하기 시작했고 나중에는 3개국 7개 도시의 사무실을 청소하게 됐다. 정말로 효과가 있었다.

돈 버는 법을 아는 사람들에게 주목하라. 그들은 그 방법을 알려줄 것이다. 학교에서는 돈 버는 법을 가르쳐주지 않는다. 어떤 사람은 무역과 금융학 석사학위가 있는데도 돈은 한 푼도 없을 수도 있다. 어떻게 돈을 버는지 배운 적이 없기 때문이다. 돈을 어떻게 지키고 세는지는 배웠겠지만 돈을 버는 방법은 배우지 못한 것이다.

로이드 코넌트와 얼 나이팅게일이 시작한 것은 사업이 아니었다. 둘은 산업을 시작했다. 나는 1968년 코넌트의 집에서 저녁을 먹다가 어떻게 이 회사를 시작했는지 물었다. 그는 이렇게 대답했다. "저는 주말 내내 작은 초록색 책을 읽었답니다." 더 이상 그가 어떻게 회사를 설립했는지는 궁금하지 않았다. 그 초록색 책이 무엇인지 알고 싶었다. 그 책은 바로 1910년에 처음 출간된 월러스 워틀스의 《부의 비밀》이었다. 나이팅게일이 내게 그 책을 한 권 건네주었고 그 후로 그 책을 손에서 놓은 적이 없다.

성공은 목표를 현실로 만드는 과정이다

얼 나이팅게일이 내린 성공의 정의로 다시 돌아가자. '가치 있는 이상을 계속해서 현실로 만들어나간다.' 어떤 사람이

500만 달러를 모았고 1,000만 달러를 벌기 위해 계속 일한다고 하자. 또 어떤 사람은 학생인데 평균 학점이 C와 D지만 A와 B를 받기 위해 연구를 한다고 하자. 이들은 주어진 방향에 따라 계속해서 움직이고 있다. 나아간 경로는 완전히 다르지만 둘 다 성공했다. 모두 이미 결정된 목표를 향해 나아갔기 때문이다.

성공은 지금 내가 어디에 있는지가 아니라 어디로 가고 있는지다. 지금 나아가고 있는 방향이자 인생의 표적이다. 인생의 기본적인 법칙은 '창조하거나 해체하거나'다. 이미 결정된 목표를 향해 노력하고 있다면 창조하고 있는 것이며, 신이 우리에게 바라는 일을 하는 것이다.

나는 우리가 신의 임무를 수행하기 위해 여기에 왔다고 믿는다. 신은 창조주라고도 불리는데, 그래서 아마도 신의 임무는 창조일 것이다. 우리에게 창조의 능력이 주어진다면 그 임무를 완수하기 위해 창조하기 시작해야 한다. 우리는 그 일을 꽤 잘하기 때문이다.

많은 사람이 그저 목표를 세우고, 수첩에 목표를 쓰고, 최선을 다해 노력하기만 하면 성공하리라고 생각하며 살아간다. 그러나 실제로는 그 어느 곳에도 도달하지 못하고 오르락내리락만 하다 결국은 끝도 없이 오르락내리락하는 일에 질려버리고 만다. 그리고 더 이상 나아가지 않고 멈춰 서서 자신이 어디에 와 있는지 높이를 재본다. 이것이 바로 많은 사람이 여생을 사는 방식이다.

체육관과 피트니스센터를 떠올려보자. 이곳 관장들은 사람들에게 회원권을 팔아 수백만 달러를 벌어들인다. 이들은 사람들이 연간회원권을 사면 2주나 3주 정도만 출석하다가 결국 오지 않을 것임을 잘 안다. 사람들은 결코 패러다임을 바꾸지 않기 때문이다. 사람들은 몸매는 바꾸고 싶어 하지만 그 몸을 지배하는 것들은 바꾸고 싶어 하지 않는다. 몸은 마음의 도구로서 마음의 작용을 반영한다. 그 작용이 자동적인지, 아니면 의식적이고 의도적으로 선택된 것인지는 상관없다.

법칙을 이해하고 그에 맞춰 노력하고 있다면 목표에 도달하기 위해 계속 노력해야 한다. 이는 그저 공원을 산책하는 정도가 아니라 아주 훌륭한 여행이 될 것이다. 그 여행을 즐기고 계속 앞으로 나아가라.

하지만 앞으로 나아간다는 건 패러다임을 바꾼다는 것임을 이해하도록 하자. 우리는 결과를 바꾸고 싶어 하지만 결과란 행동이 밖으로 드러난 것일 뿐이다. **행동은 얼마나 많이 아는가에서 나오는 것이 아니라 패러다임에서 나온다.** 사람들은 어떻게 해야 더 잘할 수 있는지는 알지만 그렇게 하지 않는다.

목표를 달성하려면 패러다임을 바꿔야 한다. 이는 필수적으로 해야 하는 일이다. 패러다임을 이해하지 못한 사람은 결코 성공적인 인생을 누릴 수 없다. 그리고 아이러니하게도 패러다임을 이해하는 사람은 거의 없다. 몇 년간 나는 많은 사람이 크나큰 성공을 거뒀으면서도 왜 그랬는지 이유를 알지 못한다는 사실을 발견했다. 이들은 아주 훌륭한 패러다임을 세웠지만 왜 자신이 잘하는지를 알지 못한다. 그래서 이들은 성공의 비결을 말해줄 수 없고 누구에게도 전해줄 수 없다.

패러다임을 이해할 때 우리는 패러다임이 어떻게 세워졌는지 알게 되고, 어떻게 바뀔 수 있는지도 알게 된다. 그러고 나면 경주를 뛸 수 있다. **내가 나의 인생을 통제할 수 있기 때문이다.** 이 원칙을 이해한 사람들은 인생에서 아름다운 일들이 수없이 펼쳐졌다.

과거에 무슨 일이 있었는지, 출발점이 어디인지는 중요하지 않다. 중요한 것은 어디로 가고 있는지다. 나는 처음에 형편없는 경력과 형편없는 태도를 지니고 있었고 내게 맞는 것은 아무것도 없었다. 그러나 그 무엇도 중요하지 않았다. 성경에 "죽은 자들이 그들의 죽은 자들을 장사하게 하고 너는 나를 따르라."라는 구절이 있다. 과거를 대할 때 도움이 되는 좋은 조언이다.

우선 자신에게 패러다임이 있다는 사실을 인식해야 한다. 내게도 패러다임이 있고, 당신에게도 있다. 패러다임은 내가 오늘과 내일 그리고 가까운 미래에 얼마나 잘할 것인지를 좌우한다. 지금까지 해오던 것보다 더 잘하고 싶다면 패러다임을 바꿔야 한다. 나는 내 패러다임을 바꾸고 개선하기 위해 계속 배우고 있다.

패러다임은 삶을 살아가는 우리의 습관적인 방식이다. 우리의 패러다임 일부는 아주 훌륭하다. 우리를 지원하고 우리에게 이로우며, 다른 사람들에게 도움이 되고 인생에서 가치를 창조한다. 따라서 패러다임은 그 모두가 부정적인 것이 아니라 긍정적인 동시에 부정적이다. 나는 나의 부정적인 생각을 좀 더 긍정적인 생각으로 바꾸고, 나쁜 습관을 좋은 습관으로 바꿀 수 있길 바란다. 그래서 매일 노력하고 있으며 아마도 죽는 날까지 노력할 것이다.

나는 내 일을 사랑하는가

예전에 친구 두 명과 사흘 동안 여행을 떠나면서 인생의 목적에 대해 깊이 생각했다. 그리고 내 인생의 목적이 생산성을 장려하고 즐거움을 추구하는 풍요로운 환경에서 살고 일하는 것이라고 판단했다. 내가 인생을 살아가는 목적은 내 가족과 지역사회, 회사와 국가 그리고 궁극적으로는 전 세계에 제공하는 서비스를 개선하는 것이다. 내가 하는 일은 서비스의 일종이다.

이 사실을 알아내는 데 사흘이 넘게 걸렸다. 인생의 목적을 깨닫는 데 시간을 충분히 써야 한다. 그 목적은 우리가 침대에서 일어나는 이유가 되며 수많은 결정을 내릴 때 도움이 된다. 사람들은 내게 돈을 많이 벌 엄청난 기회들을 제시하곤 하지만 나는 그중 일부에는 전혀 관심이 없다. 내 목적과는 거리가 멀기 때문이다.

마셜필드앤드컴퍼니의 창립자 마셜 필드 Marshall Field 는 "부동산은 부자가 되는 가장 안전한 최고의 방법이다."라고 했는데, 딱히 이 말에 동의하진 않는다. 부동산으로 돈을 버는 사람들이 많지만 나는 부동산에 관심이 없다. 나와는 거리가 먼 길이다.

아직 목적을 찾지 못했다면 매일 아침 10~15분 정도 생각할 수 있는 시간을 갖자. 차분하게 앉아 있을 수 있는 곳에 펜과 메모장을 놓아두자. 커피를 좋아한다면 커피 한 잔을 준비해서 자리에 앉아 스스로 질문해보자.

'나는 무슨 일을 하는 것을 좋아하는가?'

우리는 모두 태어날 때부터 뭔가 특별한 점을 갖고 태어난다. 우리에겐 우리의 상상을 뛰어넘는 엄청난 재능과 능력이 있다. 그러나 우리에게 부여된 목적을 발견하지 못하면 그 능력도 사용하지 못한다. 우리는 결국 한 가지 도전에서 다른 도전으로 성공을 계속 이어나가면서도 끊임없이 좌절한다. 우리가 원했던 것이 아니기 때문에 충분히 만족하지 못하는 것이다.

얼 나이팅게일은 이렇게 말했다. "당신은 돈 때문에 출근하는 게 아닙니다. 만족을 위해 출근합니다. 당신은 만족하기 위해 돈을 벌고, 돈을 벌기 위해 서비스를 제공합니다." 목적에 따라 살고 있다면 하루하루를 보내는 방식에서 굉장한 만족감을 얻을 것이다. 내가 그렇다. 내가 하는 모든 일이 목적을 따르기 때문이다.

그런데 목적은 만들어야 하는 건지, 아니면 발견되는 건지 궁금할 수 있다. 나는 목적이 발견되는 것이라고 믿는다. 언젠가 TV에서 인터뷰하는 여성을 본 적이 있는데, 한때 라스베이거스의 한 코러스단에서 무용수로 있었다던 그녀는 이렇게 말했다. "저는 제가 세계적인 스타가 될 만큼 훌륭한 무용수가 아니라는 걸 알았고, 그래서 그만뒀어요. 저는 페이스트리 굽는 걸 좋아했기 때문에 프랑스로 갔어요. 그리고 프랑스에서 가장 잘나가는 페이스트리 가게에서 일자리를 구했죠." 얼마 안 가 그녀는 세계에서 가장 뛰어난 페이스트리 셰프가 되었다.

이쯤에서 이런 생각이 들지 모른다. '하지만 나는 내가 좋아하는 일을 하면서 돈을 하나도 벌지 못하는데.' 지금 하는 일을 사랑한다면 돈을 버는지, 못 버는지는 중요하지 않다. 중요한 것은 이 질문이다.

'나는 내 일을 사랑하는가?'

얼 나이팅게일은 부富가 두 가지 형태로 찾아온다고 말했다. 하나는 유형有形의 물질적인 부이고 다른 하나는 무형無形의 '정신적인 부'다. 정신적인 소득은 하루를 보내는 방식에서 얻는 만족감이다. 물론 물질적인 부는 벌어들이는 돈의 액수다. 이 모든 것은 나이팅게일이 '공식'이라고 부르는 보상의 법칙이다. 우리가 버는 소득은 우리가 하는 일의 필요성, 그 일을 할 수 있는 우리의 능력 그리고 우리를 대체할 수 없는 어려움에 비례한다. 따라서 소득이 크려면 우리가 하는 일의 필요성도 커야 하므로 정말로 그 일을 잘해야 하고 우리를 대체하기가 어려워야만 한다.

제4장

마음이 바라는 만큼
몸이 움직인다

결과로부터 생각하는 건
모든 기적의 시작이다.

_네빌 고다드

♟

패러다임과 사이버네틱스Cybernetics의 관계를 알아보자. 이 둘은 아주 흡사하다. 사이버네틱스는 제2차 세계대전 당시 수학자였던 노버트 위너Norbert Wiener와 물리학자 아르투로 로젠블루스Arturo Rosenbluth가 발견했다. 사이버네틱스는 동물과 일부 기계 간 제어와 소통을 연구하는 과학이다.

사이버네틱 메커니즘을 이해하는 방법으로는 자동온도조절기 비유가 최고다. 예를 들어 집 안 온도를 섭씨 21도에 맞추려고 자동온도조절기를 설정한다고 해보자. 그런데 앉아 있다가 불현듯 외풍 때문에 발이 시리고 집 안이 서늘하게 느껴진다. 자동온도조절기를 살펴보는데 실내 온도가 섭씨 18도인 걸 발견한다. 대체 무슨 일이 벌어진 걸까? 곧 누군 가가 문을 활짝 열어놨다는 것을 깨닫는다.

이제 자동온도조절기가 제 일을 하기 시작한다. 온도를 높 여야 한다는 메시지가 자동온도조절기에서 난방로로 전달된 다. 불이 켜지고 팬이 돌아가고 자동온도조절기가 21도로 올 라갈 때까지 집 안 전체로 열이 전달된다. 21도에 도달하고 나면 다시 작동을 멈춘다.

비행기의 자동조종장치 역시 사이버네틱 메커니즘이다. 비행기가 출발지를 떠나면 조종사는 자동조종장치, 즉 사이 버네틱 메커니즘을 켠다. 이제 조종사는 뒷자리로 와서 승객 과 저녁을 함께 먹을 수도 있다. 물론 조종사가 자리를 비우 는 일은 없겠지만 그럴 수도 있다는 의미다. 자동조종장치가 비행기를 조종해주는 덕이다.

비행기는 예상치 못한 난기류에 부딪혀 항로에서 벗어나 기도 하는데, 사이버네틱 메커니즘이 개입해서 비행기를 제 자리로 돌려놓는다. 사이버네틱 메커니즘의 중요한 역할은 비행기를 바로잡고 원래의 항로로 되돌려놓는 것이다. 맥스 웰 몰츠Maxwell Maltz라는 성형외과 의사는 1960년에 출간한 저서 《맥스웰 몰츠 성공의 법칙》에서 이 개념을 마음에 적용했다.

마음의 작동 원리를 알아야 나아갈 수 있다

패러다임은 사이버네틱 메커니즘과 같다. 어떤 남자가 정상 체중보다 30킬로그램이나 더 나가는 과체중이어서 살을 빼기로 마음먹었다고 하자. 그는 다이어트를 시작한다. 처음에는 2킬로그램을 빼고 다음에는 3킬로그램을, 그러다 5킬로그램까지 뺀다.

그런데 이때 그가 먹어서는 안 될 음식을 먹기 시작한다. 무슨 일이 벌어진 걸까? 패러다임이 개입해서 그를 평소대로 돌려놓은 것이다. 다이어트는 새로운 패러다임을 적용하는 시작점이지만 사람들은 다이어트를 그런 식으로 바라보지 않는다. 어떻게 새로운 패러다임을 사용하는지 모르기 때문에 식습관을 바꾸려고 할 때 부딪히는 힘을 이해하지 못한다. 그래서 열에 아홉은 실패하고 만다.

사람들이 다이어트를 했다 말았다 하는 이유도 이것이다.

사람들은 몸무게가 빠지기 시작했을 때 평소의 습관으로 되돌아가려는 경향이 있다. 그래서 다시 정상체중보다 30킬로그램이 많이 나가는 사람이 될 때까지 계속 먹는다. 패러다임은 자동온도조절기나 자동조종장치와 똑같이 움직인다. 우리의 행동 패턴을 제어하며 우리가 먹는 음식, 운동, 그 외에 우리가 하는 모든 것을 통제한다.

위 사례의 남자는 패러다임이 어떻게 자신의 식습관을 조종하는지 이해해야 한다. 대부분 다이어트가 효과 없는 이유도 여기에 있다. 사람들은 잠재의식 속 패러다임이 자신을 제어한다는 사실을 이해하지 못한다. 그래서 자기가 무엇과 싸우는지도 이해하지 못한 채 머릿속 프로그램과 싸우려고 애쓰며 보이지 않는 적과 거래한다. 결코 쉬울 수가 없다.

마음이 어떻게 작동하는지 이해하기 시작할 때 비로소 앞으로 나아갈 수 있다. 자신을 방해하는 적을 알게 되기 때문이다. 그 적이 바로 패러다임이다. 하지만 이 사실을 이해하지 못하면 우리는 원하는 삶을 살고 있지 않기 때문에 실패했다고 느낀다. 우리는 스스로에게 명령을 내린다. 하지만 우리는 그 명령에 따르지 못한다.

패러다임은 어떻게 나를 지배하는가

규율은 해결책에서 큰 몫을 한다. 규율은 스스로 명령을 내리고 그 명령에 따르는 능력이다. 그러나 성공적으로 자기 자신을 규율하려면 자신이 무엇으로 스스로를 통제하는지 이해해야 한다. 즉 자신을 지배하는 패러다임이 무엇이고 그 패러다임이 우리의 생각과 행동에 어떤 영향을 미치는지 이해해야 한다. 이를 이해하지 못할 때 우리는 보이지 않는 적과 싸우게 되고 늘 지게 된다.

성경에서 솔로몬 왕은 이렇게 말했다. "네가 얻은 모든 것을 가지고 명철을 얻을지니라."(잠언 4:7) 이해는 의심과 걱정의 반대편에 있다. **패러다임이 어떻게 우리를 통제하는지 이해할 때 게임을 뒤집을 수 있다.**

나는 왜 내가 바뀌어야 하는지 이해하기 시작한 후 도약하기 시작했다. 영국에 살 때 나는 아주 잘나갔지만 왜 그런지 이유를 몰랐다. 나도 모르게 자신감이 넘쳤고 자주 "이게 무슨 일이지?"라고 물었다. 구름 위에 사는 변덕스러운 신이 "밥에게 기회를 줘라."라고 말한다고 한들 믿지 않았을 것이다. 또 운도 믿지 않았다. 볼테르는 "운은 알려지지 않은 원인의 영향력을 표현하기 위해 우리가 만들어낸 단어다."라고 했다.

나는 신이 나를 따로 발탁해 행운을 안겨주었다고 믿지 않았다. 그렇다 보니 도대체 무슨 일이 벌어진 것인지 알고 싶었다. 왜 나는 스물여섯이 될 때까지 잃기만 하고 지기만 하다가 갑자기 하룻밤 만에 그토록 어마어마한 성공을 거둔 것일까?

패러다임이 무엇이고 어떻게 자신을 제어하는지 이해할 때 사람들은 다이어트를 계속 유지하고 적당히 먹을 수 있다. **몸이 마음의 도구임을 깨달았기 때문에 몸을 통제하기 시작하고 몸은 마음의 작용에 복종한다.** 제임스 앨런James Allen 은《위대한 생각의 힘》에서 이렇게 말했다.

"몸은 섬세하면서 마음대로 모양을 만들 수 있는 도구로, 강하게 새겨진 생각에 기꺼이 반응한다. 그리고 생각의 습관은 좋든 나쁘든 몸에 영향을 미친다."

이 원칙을 이해하지 못하면 우리는 매일 자신을 통제하고 훈육하느라 힘겨운 시간을 보낼 수밖에 없다. 자기가 무엇과 싸우고 있는지조차 모르기 때문이다. 자기가 싸우고 있는 대상을 이해하고 규율과 욕망을 조합해 활용할 때 비로소 승리할 수 있다.

왜 배우고 공부해야 하는가

먼저 왼손을 내민 뒤 오른손을 내밀어보자. 왼손이 한 면이 되고 오른손은 다른 한 면이 된다. 양극성의 법칙이란 것이 있다. 이 법칙은 앞으로 내민 두 손처럼 대립의 법칙이다. 모든 것에는 반대편, 즉 대립하는 면이 있다. 왼쪽과 오른쪽, 뜨거움과 차가움, 위와 아래, 안과 밖 등이다.

왼쪽 손을 부정적인 면, '무지'라고 하자. 그리고 오른쪽 손은 긍정적인 면, '앎'이라고 하자. 의식적인 차원에서 무지는 의심과 걱정의 원인이 된다. 의심과 걱정을 내면화할 때 우리 안에서는 '공포'라는 이름의 진동이 일어나며 그 공포는 불안으로 드러난다. 우리 마음에 공포가 각인될 때 반드시 밖으로 드러나게 되는데, 그것이 바로 불안이다. 불안은 의심과 걱정에서 비롯된 공포의 표현이다. 그리고 의심과 걱정은 무지에서 비롯된다.

왼쪽 손이 무지라면 다른 쪽 손, 즉 오른손은 '앎'이 된다. 앎은 '이해'의 근거가 된다. 어떻게 이해를 구할 수 있을까? 이해를 구하려면 한 가지 방법밖에 없다. 바로 공부다. 반드시 공부해야 한다. 이해는 믿음으로 이어지고 믿음은 공포와 대립한다. 믿음은 불안 대신 웰빙well-being의 모습으로 드러난다. 그리고 웰빙은 유쾌한 기분으로 표현된다.

이제 한쪽에 놓인 의심과 걱정, 다른 한쪽에 놓인 이해 사이에 존재하는 것은 '그 자체의 존재'다. 그냥 '존재'하는 것이다. 그 무엇도 좋거나 나쁘지 않고 옳거나 그르지 않다. 그저 우리의 생각이 그렇게 만들 뿐이다. **모든 것은 그저 그 자체로 존재할 뿐이다. 우리의 생각이 그 존재를 좋은지 나쁜지 결정한다.**

나는 사람들이 공부해야만 한다고 생각한다. 공부는 지극히 중요하다. 그러나 우리는 목표가 없고 목적이 없으면 공부하지 않는다. 우리는 학교를 졸업하고는 다 끝냈다고 생각한다. 불행하게도 학교는 실제로 어떻게 공부하는지, 무엇을 공부해야 하는지 절대로 가르쳐주지 않았다.

그렇다면 새로운 패러다임을 잠재의식에 새기려면 어떻게 해야 할까? 무엇보다 자기계발에는 결승선이 없음을 이해해야만 한다. 우리는 무언가를 공부하고 끝내는 데 익숙하지만 실은 절대로 공부하는 것을 끝마칠 수 없다. 절대로 우리가 원하는 만큼 우리 자신에 대해 알지 못한다. **우리는 계속해서 패러다임을 바꿔나가고 있고, 우리의 결과 역시 계속 만들어나가는 중이다.**

편안함은 성장의 독이고 불편함은 약이다

이제 나는 새로운 뭔가를 추구할 때 불편할 거라는 사실을 안다. 그리고 정말로 편안하다고 느낀다면 그 어떤 성장도 없으리란 걸 안다. 편안함에 옴짝달싹 못 하게 갇히기 때문이다. 그 차이는 무슨 일이 벌어지는지 이해하느냐, 이해하지 못하느냐에 있다.

패러다임을 바꾸려는데 자신이 무슨 일을 하고 있는지 알지 못한다고 하자. 그러면 패러다임을 바꾸지 못하고 실패할 가능성이 크다. 기존의 패러다임이 언제나 승리한다. 그래서 우리는 다이어트를 하거나, 돈을 아끼거나, 순조롭게 업무를 진행하는 데 어려움을 겪는다. 패러다임이 어떻게 형성되고 어떻게 우리를 지배하는지 이해하지 못하기 때문이다.

만일 패러다임을 이해했다면 패러다임을 바꾸기를 게을리하거나 멈추지 말아야 한다. 우리의 가능성은 완벽하다. 물론 어떤 이들은 자기가 완벽하다고 말하지만 실은 그 누구도 완벽하지 않다. 그저 같이 어울리기 지루한 사람들일 뿐이다. 그러나 **우리의 가능성은 완벽하다.**

언젠가 우리는 수영장 위를 걸을 수도 있다. 나도 계속 물에 빠지곤 하지만 가망은 있다. 모든 일이 가능하다. 진정으로 이 개념을 이해한다면 이제껏 한 번도 가보지 못한 곳을 밟기 시작하고 그때마다 불편한 상황을 맞닥뜨릴 것이다. 그러나 분명 나아지고 있는 것임을 알아야 한다.

나는 새로운 목표를 추구할 때 어쩔 수 없이 조금은 불편해지리라는 것을 안다. 때론 멈추고 싶은 유혹이 들 수도 있다. 물론 죽는 날까지 뒷짐 진 채 관성에 따라 움직일 수도 있고 편안하게 지낼 수도 있지만 그러면 너무나 비참할 것이다. 무슨 일이 일어날지 너무나 잘 알고 있기 때문이다. **나는 계속 성장해야만 한다.**

자기계발은 절대로 끝나지 않는 과정이다. 사실 자기계발은 비교적 새로운 주제다. 얼 나이팅게일과 로이드 코넌트는 이 자기계발을 사업으로 만들었고 이로써 사람들을 도우려 했다. 다른 사람들은 이 분야를 그저 집적댔을 뿐이지만 두 사람은 몹시도 진지했고 일로 접근했다. 둘은 훌륭한 사람들을 많이 끌어당겼고 회사를 세웠다. 사람들은 본래 사용했어야 했던 방식대로 자신의 자원을 활용하기 시작했고, 이는 회사에서뿐 아니라 개인적으로도 효과가 있는 것으로 나타났다. 곧 많은 회사가 자기계발을 활용하게 되었다.

1968부터 1973년까지 내가 나이팅게일-코넌트에서 일하던 동안에는 패러다임에 관한 논의가 없었다. 우리는 이를 '잠재의식 훈련'이라고 불렀지만 그 깊이나 형성 과정에 대해 이해하지는 못했다. 그러다 조엘 바커가 1993년 《패러다임》을 출간했고 이때부터 우리는 이 개념에 빠져들었다.

얼 나이팅게일은 '건설적인 불만'을 언급했다. 우리는 언제나 개선되길 바라고 앞으로 나아가길 바란다는 것이다. 이는 건설적이지만 동시에 불만족스럽다. 편하지는 않지만 원하는 일을 하고, 가고 싶은 방향으로 가기 때문에 행복하다.

상상은 반드시 이뤄낼 답을 찾는다

사람들은 지적 능력이라고 하면 좌뇌와 논리적 기능 등을 떠올리지만 사실 잠재의식에 새겨지는 것들은 우뇌의 기능에 좀 더 가깝다. 이를테면 풍부한 감정으로 목표를 확인하고, 목표가 마음속에 시각적으로 새겨질 수 있도록 창의적으로 시각화하는 것이 그렇다. 이런 연습은 패러다임을 전환하는 데 도움이 된다.

네빌은 저서 《의식의 힘》The Power of Awareness에서 이 점을 짚어냈다. 그는 '욕망하는 상태로부터 생각하기'를 언급했다. 다시 말해 이미 그 상태에 도달한 자신의 모습을 보라는 의미다. 이는 우리의 상상이자 우뇌의 작용이다. **욕망하는 상태로부터 생각하는 것은 창조적인 삶이다.** 결과로부터 생각하는 이런 능력을 무시하는 것은 어떤 가능성도 보지 못하고 굴레에 갇힌 것과 같다.

법이나 공학, 회계 분야에서 일하는 극도로 좌뇌형인 사람은 이를 실천에 옮기느라 어려움을 겪지만 일단 이해하기만 하면 진심으로 실천한다. 좌뇌형 사람은 매우 단호하기 때문이다. 우뇌형 사람은 좀 더 유동적이다. 이들은 개념보다는 진동과 감정에 따라 움직인다.

논리는 많은 사람이 패러다임을 바꾸지 못하게 가로막는 것 중 하나다. 텐징 노르게이Tenzing Norgay와 함께 에베레스트 산을 오른 힐러리 경의 위대한 한 걸음은 논리로 설명되지 않는다. 이전까지는 그 누구도 그렇게 하지 않았으며 그는 남들이 보기에 비논리적인 일을 했다. 라이트 형제 역시 마찬가지다. 당시 공기보다 무거운 물체가 하늘에 머물 수 있다는 생각은 그야말로 비논리적이었다. 그러나 이들은 비논리적인 일을 해냈다. 모든 위대한 도약은 논리에 저항하는 데서 시작된다.

흔히 사람들은 현실적이어야 한다고 말한다. 그러나 현실적이어선 안 된다. 나는 목표를 설정할 때 현실에 관해 생각하지 않는다. 오히려 비논리적으로 사고하려고 한다. 가끔 회사에서 직원들과 일할 때 이 점에서 곤란을 겪기도 한다 (비록 직원들은 조금씩 내 방식에 익숙해지고 있지만). 나는 어떤 일이 실용적이면 그 일을 하고 싶지 않다. 완전히 비논리적인 일을 하길 원한다.

과거의 나처럼 골방에 앉아 "나는 세계 곳곳에서 운영되는 회사를 만들 거야."라고 말하는 것은 터무니없는 짓이다. 그때 나는 그런 일을 벌일 만큼 돈이 많지 않았다. 내가 무슨 일을 할 것이고 어떻게 해야 할지도 몰랐지만 그 일을 해낼 것임을 알았다.

힐러리 경도 자신이 에베레스트산 정상에 오를 것임을 알았다. 그는 1951년에 도전했다가 실패했고 1952년에 다시 갔다가 또 실패했다. 그리고 1953년에 다시 산에 올랐다. 그는 3년 연속 에베레스트산에 올랐다. 그사이 수많은 사람이 에베레스트산을 오르다 죽었다. 뉴질랜드 오클랜드 출신의 양봉가였던 그가 1952년에 다시 산에 오르겠다고 말하자 주변 사람 모두가 화를 냈다. "당신은 그럴 권리가 없어요. 당신에게는 책임이 있다고요."

라이트 형제의 아버지는 매우 보수적인 교파의 사제였다. 라이트 형제가 하늘을 날 수 있다고 주장하자 그는 그렇게 주장하면 지옥에 갈 것이라고 말했다.

위대한 진보는 모두 철저하게 비논리적이다. 정말로 잠재력을 발휘하며 살고 싶다면, 모든 사람을 기쁘게 해주려고 사는 게 아니라면 스스로 겁먹을 수준의 목표를 정하자. 자신이 목표를 향해 가고 있으며 법칙에 따라 노력하고 있음을 안다면 그 목표가 이뤄져야 한다는 것도 알 것이다. 물론 그일이 일어나길 바란다고 해서 항상 실현되는 건 아니다. 그러나 이제 우리는 그 목표가 가리키는 주파수에 있기 때문에 그 일이 일어나야만 한다는 것을 알고 있다.

원하는 주파수를 맞췄다면 이제 그곳이 우리의 새로운 집이다. 우리가 세상을 바라보는 곳이다. 그곳에는 우리만이 갈 수 있다. 아내도, 아이도, 이웃도, 동료들도 그곳에 가지 못한다. 따라서 우리는 그들이 볼 수 없는 것들을 본다.

정말로 잠재력에 따라 살아가고자 한다면 여기서 한 걸음 나아가 자신에게 내기를 걸어야 한다. 우리는 상상하는 무엇이든 할 수 있는 잠재력을 가졌다. 네빌이 말했듯이 "결정적 상상력이나 결과로부터 생각하는 일은 모든 기적의 시작"이다.

세상에 그냥 일어나는 기적 같은 것은 없다. **모든 것은 법칙에 따라 일어난다.** 다만 왜 일어났는지 우리가 이해하지 못할 뿐이다. 기적이나 운을 믿는다면, 누구에게는 축복을 내리고 누구에게는 저주를 내리는 변덕스러운 신이 있다고 생각한다면 그 어느 곳으로도 날아가지 못한다.

제5장

부와 성공은 가질 수 있다고 믿을 때 찾아온다

무언가를 바라보는 방식을 바꾼다면
바라보는 대상이 바뀔 것이다.

_웨인 다이어

대부분 사람은 믿음이란 변하지 않으며 심지어 그런 믿음을 타고났다고 생각한다. "이건 내가 믿는 거야. 난 평생 그걸 믿어왔지. 그게 바로 나야."라는 식이다. 정치적인 이야기를 할 때면 "나는 진보적이야." 또는 "나는 보수적이야."라고 말한다. 성격에 관해서는 "나는 온순한 편이야.", "내 혈액형은 A형이야.", "나는 남자는 A에 강하고 여자는 Y에 강하다고 믿어."라고 말한다.

많은 사람이 이런 식이지만 그래야만 하는 것은 아니다. **믿음은 인생의 모든 것을 형성한다.** 우리의 패러다임은 우리의 믿음으로 만들어졌지만 불행히도 그 믿음 대부분은 터무니없고 아무런 근거도 없다. 진실이라는 빛에 비춰 봤다가는 연기처럼 사라져버릴 것이다. 게다가 이 어리석은 믿음 대부분은 우리가 고안해낸 것이 아니다.

'믿음'은 아주 흥미로운 단어다. 내 인생에서도 믿음은 커다란 역할을 했다. 나는 내가 왜 잘나가는지 알아내려고 노력했다. 그러나 내게 답을 해주거나 그 이유를 이야기해줄 사람을 찾을 수 없었고 내가 참고할 수 있는 것은 오직 두 가지, 과학과 신학밖에 없었다.

나는 다양한 종교에 빠져들었다. 코란과 토라(유대교의 경전으로 일반적으로 모세 5경을 포함한 구약성서를 가리킨다—옮긴이), 성경, 모르몬 경전을 읽었다. 내가 어디로 가는지는 중요치 않았다. 어디에서든 '믿어야 한다'라고 했다. 1900년대에 하버드대학교의 철학자 윌리엄 제임스William James는 "믿어라, 그러면 믿음이 사실을 만들어낼 것이다."라고 말했다. 하지만 나는 궁금했다. "어떻게 그걸 믿지?"

난 답을 알지 못했다. 어떻게 믿음을 바꾸지? 왜 나는 내가 믿는 것을 믿지? 한 가지 물음은 다른 물음으로 이어졌다. 이는 몇 년 동안이나 계속됐다. 나는 답을 알아내지 못했고 물음에 답해줄 사람도 찾아내지 못했다.

지금의 자신을 다시 평가하라

어느 날 나는 내 멘토였던 발 밴더월Val Vanderwall과 식사를 했다. 즐겁게 수다를 떨다가 그가 이런 말을 했다.

"우리의 신념 체계는 어떤 것에 대한 우리의 평가가 바탕이 돼요. 그래서 어떤 상황을 재평가했을 때 그 상황에 대한 우리의 믿음이 흔히 바뀌곤 하죠."

나는 그 말을 듣자마자 머릿속에서 종이 울리는 것 같았다.

"잠시만요. 뭐라고 말씀하셨죠?"

나는 그에게 한 번 더 말해달라고 부탁했다.

"네. 우리의 신념 체계는 어떤 것에 대한 우리의 평가가 바탕이 돼요. 그래서 어떤 상황을 재평가했을 때 그 상황에 대한 우리의 믿음이 흔히 바뀌곤 하죠."

불현듯 깨달았다. 갑자기 왜, 어떻게 내 인생이 바뀌었는지 알게 되었다. 내가 찾아 헤매던 모든 걸 알게 되었다. 그동안 나는 오디오 강연을 듣거나 책을 읽으면서 메모를 해왔다.

나는 항상 내가 누구인지 재평가하고 있었다. 강연자들이나 저자들이 전해주는 모든 정보가 나에 관한 것이었기 때문이었다. 이들은 나에 대한 진실을 이야기해주었다. 나는 내가 누구인지 재평가했다. 아무것도 나를 지지하지 않는다는 생각, 내가 쓸모없는 인물이며 내 과거 때문에 미래도 보잘것없으리라는 생각에서 내가 변해야만 한다는 생각으로 옮겨가고 있었다.

이 과정에는 시간이 걸린다. 내가 걸렸던 시간만큼 길 필요는 없다. 나는 지금 내가 설명하는 내용을 배우느라 몇 년이 걸렸다. 당시엔 깨닫지 못했지만 나는 오디오 강연을 반복해 들으면서 내 신념 체계를 바꾸고 있었다.

우리의 내면에서 벌어지는 일을 바꿔놓는 것은 반복이다. 관건은 우리의 신념 체계를 바꿔놓을 생각에 반복해서 귀를 기울이는 것이다. 우리가 얼마나 훌륭한 사람인지 이야기하고 우리가 왜 그토록 훌륭한 사람인지 온갖 근거를 들어 지지하는 말에 계속 귀를 기울여야 한다. 그런 말을 듣고 또 들을 때 우리는 그 말을 믿기 시작한다.

어떤 사람에게 거짓말을 자주 하면 결국에는 거짓말을 믿게 된다. 히틀러가 이를 증명했다. 히틀러는 독일 국민에게 거짓말을 했지만 너무나 설득력이 넘친 나머지 사람들은 그를 믿었다. 어떤 이들은 여전히 히틀러가 한 일이 옳다고 믿는다. 터무니없는 일이지만 이들은 너무 자주 들었기 때문에 거짓말을 믿는 것이다.

우리도 똑같은 이야기를 여러 번 반복해서 듣다 보면 그 이야기를 믿기 시작한다. 예를 들어 우리는 학교에 다니지 않으면 성공할 수 없다는 말을 들었다. 그 말은 사실이 아니다. 학교에 다니지 못한 수많은 사람이 커다란 기업을 세웠다. 또 우리는 교회에 가지 않으면 죄인이라는 이야기도 들었다. 그 역시 사실이 아니다.

왜 우리는 그렇게 믿을까? 어린 시절에 반복해서 듣다 보니 그 이야기가 마음속에 프로그래밍된 것이다. 똑같은 이야기를 반복적으로 들은 결과 이야기는 믿음이 되었고 믿음은 점점 더 확고해졌다. 우리는 뭔가를 인식하게 된 순간부터 이야기를 들었고 이야기는 믿음이 되어 우리의 신념 체계에 자리 잡았다.

따라서 우리는 우리의 믿음을 계속 재평가해야 한다. 어떤 조건이나 환경 때문에 뭔가를 할 수 없다고 생각할 때마다, 할 수 없다는 그 믿음이 타당한지 살펴봐야 한다. 그리하여 자신에게도 절대적이고 위대한 부분이 있다고 믿는 단계에 이르러야 한다. 우리에게는 놀라울 정도로 멋진 구석이 있으며, 그 훌륭한 능력을 평생 개발할 수 있다. 얼 나이팅게일이 언급했듯이 우리의 몸은 1초에 약 4,000만 개의 세포를 만들어내는 속도로 변화한다. 우리는 끊임없이 일어나는 변화 속에서 살고 있는 것이다.

우리의 믿음은 바뀔 수 있으며 항상 변화한다. 이 변화에는 더 높은 곳을 향한 성장과 확장, 더욱 충만한 표현이 따라야 한다. 우리는 영적인 존재이며 영靈, spirit은 늘 확장되고 충만하게 드러나는 쪽으로 움직인다. 영은 항상 더 위대한 가치를 향한다. 그저 가끔 그러는 것이 아니라 항상 그렇다. 우리가 그 사실을 이해하고 관심을 쏟을 때 우리의 삶은 더 나아지고 좋아질 것이다.

보이지 않는 생각을 믿는 법

새로운 신념 체계를 세우면서 사람들은 당장 원하는 결과를 마주하지 못할 때 자신감을 잃을 수 있다. 스스로에 대한 새로운 비전이 단기간 내에 성과를 내지 못한다면 어떻게 해야 할까?

이 문제를 이해하려면 두 가지 차원을 다뤄야 함을 깨달아야 한다. 즉 의식적인 차원과 무의식적인 차원이다. 우리는 어떤 존재를 의식적인 차원에서는 믿지만 무의식적인 차원에서는 믿지 않을 수 있다. 예를 들어《생각하라 그리고 부자가 되어라》를 읽은 뒤 자신이 돈을 더 많이 벌 수 있으리라고 믿게 되었지만 돈을 벌고 있지는 않다고 하자. 문제는 어디에 있을까? 문제는 믿음이 그저 이성적으로만, 즉 의식적인 차원에만 존재한다는 것이다. **믿음은 주관적인 마음으로 통합되어야 하며 잠재의식 속에 올바르게 뿌리를 내린 후에야 성과로 발현된다.**

스스로 뭔가를 믿고 있다고 확신하는 사람들에게는 이 이야기가 상당히 혼란스럽겠지만 그들의 인생에서 성과는 드러나지 않을 것이다. 문제는 프락시스Praxis(그리스어로 '실천'이라는 뜻―옮긴이)로, 즉 믿음과 행동이 통합되어야 한다. "나는 내가 뭔가를 할 수 있을 것이라 믿어."라고 말하면서 행동하지 않는 까닭은 믿음이 잠재의식 속에 뿌리를 내리지 못했기 때문이다. **반복과 시각화를 통해 믿음은 잠재의식 속에 뿌**

리를 내리고 성과로 드러나기 시작한다.

작가 조지 레너드George Leonard는 저서 《마스터리》에서 뭔가를 이루기 위해 열중하다 보면 정체기가 온다고 했다. 그러나 포기하지 않고 계속 실천하다 보면 어느 순간 갑자기 새로운 단계로 들어선 자신을 발견한다. 언제 그런 도약이 찾아올지는 알 수 없다. 그러나 그 순간에 우리는 비약적으로 발전한다.

그렇게 무언가에 통달했을 때 엄청난 변화가 충격적일 정도로 빠르게 일어난다. 나는 1년에 4,000달러를 버는 수준에서 매달 1만 4,500달러를 버는 수준으로 바뀔 거라고는 예상하지 못했다. 이런 일이 무언가에 통달했을 때 벌어진다.

이 과정에 걸리는 기간은 아마도 사람마다 다를 것이다. 나는 그 기간이 반복에 따라 달라진다고 생각한다. 다시 말해 얼마나 자주, 얼마나 깊이 고심하느냐에 달렸다. 반복이 핵심이다.

사람들은 세미나에 가고 책을 읽고 오디오 강연을 듣지만 성과가 나지 않아 금세 좌절하고 만다. 이들은 눈으로 볼 수 없는 온갖 일들이 벌어지고 있다는 사실을 이해하지 못한다. 우리는 보이지 않는 세계의 일부다. 사실 보이지 않는 세계가 가장 큰 세계다. 그 무엇도 만들어지거나 파괴되지 않고, 진동의 법칙에 따라 만물은 서로 다른 주파수로 진동한다. 그러나 **모든 주파수는 한 단계 위의 주파수와 한 단계 아래의 주파수에 맞물려 있기에 만물은 연결되어 있다. 보이지 않는 세계와 보이는 세계는 연결되어 있다.** 영은 완전히 정반대의 형태로 발현된다. 우리가 살고 있는 몸의 내부에서 그리고 그 몸을 통해 활동한다.

평범한 사람들은 이런 사실에 대해 아무것도 모른다. 혹은 머리로는 믿지만 변화를 일으키지 못하고 좌절한다. 나폴레온 힐이 말했듯 사람들은 부자가 되는 고지를 7센티미터쯤 남겨두고 멈춰버린다. 프라이스 프리쳇Price Pritchett은 저서 《유 투》You 2에서 "증거의 부재가 부재의 증거는 아니다."라고 말하며 이렇게 덧붙였다.

> "빙산을 떠올려보자. 우리는 그곳에 실제로 존재하는 것의 끄트머리만 본다. 마찬가지로 우리는 성취할 수 있는 결과에서 지대한 차이를 만들어낼, 보이지 않는 물질들도 보지 못한다."

나는 당신이 이해하지 못하는 것 그리고 대부분 사람에게는 아주 낯선 것을 다룬다. 보통의 사람들은 자기 자신에 대해 거의 잘 모른다. 학교에서 우리는 자기 자신에 대해서는 아무것도 배우지 않는다. 심리학을 공부했다고 해도 우리가 누구인가에 대한 본질에는 결코 다가가지 못한다. 이 모든 것이 머리로 아는 차원에 남아 있을 뿐, 우리가 누구인지에 대한 영적인 본질에는 절대로 다가가지 못한다. 상당히 슬픈 일이다.

처음 이야기를 들었을 때는 바보 같은 생각이라고 느꼈다. 하지만 그 설명을 해준 남자는 이렇게 말했다. "제 방식은 효과가 있고 당신의 방식은 효과가 없잖아요. 제 방식을 시도해보는 건 어때요?" 그는 행복하고 건강하며 부유했다. 나는 불행하고 아프고 파산한 상태였다. 그는 이렇게 말했다. "제가 말한 대로 해보세요. 제가 당신에게 거짓말을 했다고 생각될 때까지, 지금 제가 무슨 소리인지도 모르고 말한다고 생각될 때까지요."

나는 맞는 말이라고 생각했고 그의 조언을 따랐다. 곧 모든 것이 바뀌기 시작했다. 물론 내 신념 체계도 바뀌기 시작했다. 예를 들면 우주개발 프로그램의 아버지라고 불리는 베르너 폰 브라운에 대한 생각이 그렇다. 그는 오랫동안 우주를 연구하면서 신의 존재를 확신하게 됐다. 우주를 지배하는 자연의 법칙은 너무나 정확해서 우주선을 만들거나 사람들을 달에 보내거나 1초 안에 착륙 타이밍을 맞추는 데 아무런 어려움이 없다고 그는 말했다. 그리고 이 법칙은 분명 누군가가 이미 설정했을 것이라고도 했다.

나는 그 생각이 마음에 들었고, 그래서 받아들였다. 비결은 최선을 다해 법칙들을 이해하는 것이다. 그러고 나면 어떻게 상황이 벌어지는지 이해하기 시작한다.

––––

해내겠다는 의지가 가진 위대한 힘

앞서 이야기했지만 '해내겠다는 의지'는 우리의 지적 능력 중 하나다. 이는 외부의 모든 방해 요소를 배제하고 마음속 화면에 떠오른 생각 하나를 유지하는 능력이다.

불행히도 우리는 항상 정신을 빼앗긴다. 보고, 듣고, 냄새 맡고, 맛을 보며, 촉감을 느끼지만 오감은 다만 우리와 외부의 물질세계를 연결할 뿐이다. 바깥세상에서는 늘 여러 가지 일이 벌어지고, 언제나 우리에게 주의를 기울여달라고 애원한다. **의지를 적절하게 활용하면 오감을 닫고 집중하고자 하는 생각에 마음을 끌어올 수 있다.** 골프 선수 등 뛰어난 운동선수들은 그렇게 한다. 성과가 뛰어난 영업사원들도 그렇게 한다. 무슨 일을 하든 뛰어나다는 평가를 받는 사람들이 하는 행동이다. 이들은 집중한다. 하는 일에 전념한다. 여기저기 방황하지 않는다.

인간으로서 우리는 다른 피조물들과 영적인 측면을 공유한다. 실제로 영(혼)은 동시에 모든 곳에 100퍼센트 존재한다. 영(혼)은 동시에 어디든 존재한다. 모든 것이 영(혼)이며 영(혼)이 아닌 존재는 없다. 영(혼)은 모든 형태로 모습을 드러내지만 언제나 대척점에 있는 '물리적 형태'로 나타난다.

우리는 모든 존재와 영(혼)을 공유하지만 자의식을 통해 다른 존재와 우리 자신을 구분한다. 우리는 자기 자신을 의식한다. 지금까지 알려진 바에 따르면 우리는 다른 생명체들에게는 없는 관점, 의지, 판단, 상상, 기억, 직관 같은 지적 능력을 지니고 있다.

이 능력들은 각각 엄청난 수준까지 발전할 수 있고 성과에 반영된다. 우리는 성과라는 열매로 자신에게 이런 지적 능력이 있음을 알아볼 수 있다. 앞서도 말했지만 대부분 사람은 이 고차원적인 능력에 대해 아는 것이 거의 없다. 그저 오감을 통해 보고 듣고 만질 수 있는 것들만 알 뿐이다. 물리적 세계가 우리를 지배하도록 내버려둔다면 우리가 손에 쥔 것 이상은 얻지 못할 것이다.

물리적 세계에서는 모든 것이 3차원으로 이뤄진다. 이제 우리는 3차원을 넘어 고차원적인 능력으로 접어들고자 한다. 성경에 있는 말처럼 우리가 신의 형상으로 창조됐다면 모든 것이 가능할 것이다. 우리는 무엇이든 할 수 있다. 우리는 신은 아니지만 신의 표현이며 신과 같은 위대한 업적을 남길 수도 있다. 그렇기에 예수는 "내가 하는 일을 그도 할 것이요. 또한 그보다 큰일도 하리니."(요한 14:12)라고 말했던 것이다.

우리에겐 무한한 힘이 있고 우리가 할 수 있는 일에는 한계가 없다. 그 일이 무엇인지, 얼마나 가치 있는지는 중요치 않다. 계속 더 좋아질 테니 말이다. 나는 '더 좋아진다'란 말이 정말로 아름답다고 생각한다.

감성은 우리 마음의 주도권을 쥐고 우리를 움직이지만, 지성은 감성적인 마음에 무엇이 깃들 것인지를 정한다. 의식적인 마음은 귀납적으로도 사고하고 연역적으로도 사고한다.

하지만 **잠재의식은 오직 연역적으로만 사유한다.** 다시 말해 잠재의식은 받아들이기만 할 뿐 거부할 수는 없다는 의미다. 그러나 의식적인 마음은 귀납적으로 사고할 수 있기에 우리는 잠재의식에 무엇이 깃들지 선택할 수 있다. 귀납적 방식으로 사고하지 않는다면, 그저 동면에 빠진 듯 활동하지 않는다면 우리 주변에서 벌어지는 일은 무엇이든 잠재의식 속에 곧바로 꽂혀서 우리의 행동을 지배할 것이다.

생각하라, 무의식을 경계하라

광고는 우리의 의식적인 마음을 닫아버리고 잠재의식을 활짝 열어버린다. 그러면 우리는 완전히 연역적인 상태가 되어 무슨 이야기를 듣든 행동으로 옮긴다. 현혹과 동의 또는 충격은 우리가 귀납적으로 추론하는 과정을 무력화할 수 있다. 그렇게 사람들은 최면에 걸리고 만다. 최면은 오직 암시일 뿐이며 광고는 최면의 한 형태다.

광고는 우리를 현혹하고, 충격을 주고, 귀납적 추론을 건너뛰어 이미지 하나로 곧장 우리의 잠재의식을 파고든다. 이런 일이 한 번만 일어나는 게 아니다. 광고는 하나만 나오는 게 아니라 무더기로 나오며, 반복적으로 방영된다. 광고의 메시지는 잠재의식에 바로 접수된다. 결국 우리는 그들이 원하는 대로 움직이는 자신을 발견한다. 왜 그런 걸까? 바로 생각이 마음속에 심어졌기 때문이다.

광고주들은 우리가 특정한 정신상태일 때 반복해서 생각의 씨앗을 심으면 우리가 그 생각에 따라 행동할 것임을 알고 있다. 예를 들면 우리는 이런 식으로 광고에 현혹된다. 영화를 보고 있다고 하자. 영화 속에서 어떤 사람이 누군가의 뒤를 미행한다. 심장이 마구 두근거리고 영화에 푹 빠져버린다. 갑자기 화면에 아름다운 자동차 한 대가 나타난다. 그 차는 한 번만 나타나는 게 아니라 여러 차례 반복해서 나타난다. 그러다 우리는 문득 자신이 자동차 전시장 주변을 서성이는 걸 발견한다.

잠재의식은 모든 일이 벌어지는 곳이며 우리가 행동하게 만드는 원인이다. 그러나 의식적인 마음은 무엇이 무의식에 들어갈 것인지 지시할 수 있다. 의식적으로 생각해야 한다. 대부분 사람은 생각하지 않는다. 잠시 주변의 사람들을 지켜만 보더라도 이들이 아무 생각 없음을 알 수 있다.

잠재의식에 휘둘려 반응하지 마라

빅터 프랭클Viktor Frankl 박사는 《빅터 프랭클의 죽음의 수용소에서》라는 놀라운 책을 썼다. 정신의학자였던 그는 제2차 세계대전 중에 강제수용소에 갇혔던 경험과 관련해 다음과 같이 썼다.

"당신이 당하는 정신적 또는 신체적 학대와 상관없이, 그누구도 당신이 생각하고 싶지 않은 것을 생각하게 만들 수는없다."

그는 모든 상황과 그 상황에 대한 우리의 대응 사이에는틈이 있다고 지적했다. 그 틈은 1,000분의 1초일 수도 있지만 그사이에 우리는 '반응'reaction할 것인지, '대응'response할것인지 선택할 수 있다.

단순히 반응만 한다면 우리가 선택할 수 있는 권한을 상황이나 다른 사람에게 넘기는 것이다. 예를 들어 누군가의 말에 내가 화가 났다면 나는 그에게 내 선택권을 넘겨준 것과같다. 그가 나를 화나게 하도록 허용하고, 생각하기를 멈추고 잠재의식에 휘둘린 것이다.

대응은 다르다. 누군가 나를 화나게 하는 말을 했다면 한 번 주위를 둘러보고 이렇게 생각한다. '왜 저 사람이 그렇게 말했는지 궁금해. 하지만 그 말은 진실이 아니야. 나는 그가 말한 것과 달리 정말로 멋진 사람이거든. 저 말을 인정할 필요가 없어.'

사람들은 대응을 배워야 한다. 나는 아이들에게 대응을 가르쳤고 실제로 아이들의 삶이 바뀌었다. 무슨 일이 벌어지든 그 일에 대응을 했기 때문이다. 나는 아이들에게 이렇게 말해주었다. "네가 어떤 일에 반응을 해버리면 네가 아닌 다른 모든 것이 너를 지배하게 돼. 네가 너를 지배하지 못하게 되는 거지."

반응이 아닌 대응을 하려면 자신이 반응하고 있음을 깨달아야 한다. 우리는 평소에 너무도 빨리 반응한다. "걔는 네 발작 버튼이 뭔지 진짜 잘 알거든."이란 표현이 있을 정도다. 대응을 하려면 반드시 생각을 해야 한다. 그리고 사람들이 무엇을 생각하는지 걱정하지 말아야 한다. 누군가가 공격적인 말을 했다면 그 말에 반응할 수도 있다. 그들이 화를 내면 같이 화를 내고, 소리를 지르면 같이 소리 지를 수 있다. 그러나 그 누구도 그런 식으로는 이길 수 없다.

이와 같은 상황이 벌어졌을 때 잠깐 멈춰서 스스로 물어보자. 왜 저 사람들은 저러는 거야? 왜 저런 식으로 말하지? 우리의 전체 시스템은 우리를 반응하게 만드는 방향으로 구성되어 있다. 우리는 항상 의견에 따라 움직인다. 고함을 치고, 싸우고, 소란을 피우는 말도 안 되는 상황에서 사람들은 서로에게 반응한다. 그리고 전혀 생각을 하지 않는다. 그러고 나면 또다시 똑같은 행위로 이들을 억누르려고 애쓴다. 불에 맞서 불로 싸우는 것은 아무런 효과가 없다.

아무리 잠시 멈추고 생각하라고 권해도 그러기가 어렵다. 학교에서도 생각하는 법을 배우지 않는다. 생각은 어떻게 키보드를 누르는지, 어떻게 피아노를 치는지 배우는 것과 똑같이 배울 수 있는 과목이다. 우리는 귀납적으로 사유하도록 훈련받을 수 있고, 외부에서 벌어지는 일에 반응하지 않고 대응하는 습관을 들이도록 결심할 수 있다. 그리고 틀림없이 잘 해낼 수 있다.

물론 나는 절대로 반응하지 않는다는 이야기가 아니다. 나도 가끔은 반응한다. 그러나 그럴 때마다 내가 반응한다는 것을 깨닫고 멈춘다. **반응을 해서는 이길 수 없기 때문이다.**

관점을 바꾸면 당신은 달라질 수 있다

문제가 생겼을 때 내가 활용하는 몇 가지 요령이 있다. 우선 종이 한 장에 가능한 한 구체적으로 분명하게 그 문제를 써본다. 종이 위에 문제를 쓴 뒤에는 다시 앞으로 돌아가 중심 생각을 잃지 않는 선에서 가능한 한 많은 단어를 지운다. 그리고 그 종이를 다시 읽어본다.

그런 식으로 문제를 기술한 뒤 탁자의 다른 자리로 옮겨 앉는다. 집에서는 식탁 위에 종이를 올려놓고, 사무실에서는 책상 한가운데에 종이를 올려놓는다. 그러고 나서 다른 자리에 앉아서 이렇게 묻는다. "얼 나이팅게일은 이 문제를 어떻게 바라볼까?" 정신적으로 나이팅게일의 기운을 받아보려고 노력한다. 그는 이 문제를 어떻게 인식할까? 이 문제를 어떻게 볼까?

그런 식으로 문제에 접근해본 뒤 또 다른 자리에 앉아서 이렇게 묻는다. "나폴레온 힐은 이 문제를 어떻게 볼까?" 그후 또 다른 어딘가에 앉아 이렇게 묻는다. "앤드류 카네기는 이 문제를 어떻게 보지?" 토머스 에디슨이나 헨리 포드 등

여섯 명을 골라 그들에게 정신적으로 빙의된다. 곧 나는 문제를 완전히 다른 방식으로 보게 된다.

앞에서 나는 세상을 떠난 친구 웨인 다이어가 한 말을 인용한 바 있다.

"당신이 무언가를 바라보는 방식을 바꾼다면 바라보는 대상이 바뀔 것이다."

답은 상황에 대한 관점을 바꾸는 것이다. 이제 할 수 있는 일이 하나 생겼다. 심지어 아주 효과적인 방법이다.

상황에 대한 인식을 바꾼 다음에는 높은 차원에서 낮은 차원으로 움직여야 한다. 높은 차원에서 낮은 차원으로 움직인다는 것은 영혼에서 시작해 이성으로, 육체적 범주로 옮겨간다는 의미다. 언제나 영혼부터 시작해서 이성적인 차원, 육체적인 차원의 순서로 나아가자. 전기를 다룰 때면 반드시 고전위에서 저전위로 작업해야 한다. 이 순서를 거스르면 전기를 쓸 수 없게 된다.

영혼은 생각의 차원에 있다. 우리는 밖에서 안을 향해서가 아니라 안에서 밖을 향해 나아가야 한다. 대부분 사람이 그렇듯 당장의 성과만 보고 거기에 휘둘려서는 안 된다. 사람들은 외부에서 내부를 향해, 아래에서 위를 향해 움직인다. 그들은 문제에 초점을 맞추고, 저 하늘 어딘가에 있는 보이지 않는 신에게 문제를 해결해달라고 빈다.

우리는 영적인 존재다. 따라서 우리의 영적인 자아에게, 사유의 세계에 언제든지 접근할 수 있다. 생각은 언제 어디서든 존재하고 영혼도 마찬가지다. 에드거 미첼Edgar Mitchell(미 항공우주국의 아폴로 계획에 따라 발사된 아폴로 14호의 선장—옮긴이)은 달을 향해 날아가면서 텔레파시 연습을 했는데 훗날 심리학 잡지에 이에 대한 글을 썼다.

우리의 생각은 언제 어디에나 존재한다. 우리가 생각을 할 때는 그야말로 막강한 능력이 발휘된다. **생각은 세상에 존재하는 가장 강력한 에너지로**, 레이저광선마저 보잘것없게 만든다. 이 생각에서 시작해 개념과 사물로 옮겨 가야 한다. 밖에서 안으로 움직이지 않고 안에서 밖으로 움직여야 한다. 나는 오랫동안 그렇게 해왔고 그 효과는 신통했다. 법칙과 조화를 이루며 일할 때 모든 일이 순조롭게 풀린다. 조화를 이루지 못하면 일은 순조롭게 풀리지 않고 고된 여정이 된다.

제6장

위대한 성과를 부르는
패러다임을 가져라

무언가를 할 수 있기 전에
우선 무언가가 되어야 한다.

_괴테

♟

이제는 마음을 잘 사용해서 위대한 성과를 거두기 위한 패러
다임을 형성하는 방법에 관해 이야기해보자.

여러 기본적인 자질 가운데 하나는 훌륭한 태도다. 얼 나
이팅게일은 '태도'를 마법의 말이라고 불렀다. 훌륭한 태도
를 갖추려면 어떤 마음을 활용할 수 있을까? 태도를 강화하
기 위해 매일 어떤 습관을 연습할 수 있을까?

나는 꾸준히 공부한다. 내 책상 위에는 여러 책이 놓여 있
는데, 프라이스 프리쳇의 《유 투》, 마크 빅터 한센Mark Victor
Hansen과 그의 아내 크리스탈 한센Crystal Hansen이 쓴 《질문을

던져라!: 꿈에서 운명으로 이어지는 다리》Ask!: The Bridge from Your Dreams to Your Destiny, 로버트 러셀Robert Russel의 《당신도 부유해질 수 있다》You Too Can be Prosperous, 네빌의 《의식의 힘》, 나폴레온 힐의 《생각하라 그리고 부자가 되어라》 등이다. 나는 언제나 책상 위에 책들을 올려놓는다.

책꽂이에는 토머스 트로워드가 쓴 책들도 꽂혀 있다. 트로워드의 저서를 아직 접하지 못했다면 한 번쯤 읽어보는 것도 좋다. 얼 나이팅게일은 1968년 나를 만날 때 트로워드의 《정신과학에 관한 에딘버러 강의》Edinburgh Lectures on Mental Science를 읽고 있었다. 나는 그에게 물었다.

"저도 이 책을 읽어야 할까요?"

그는 나를 물끄러미 보더니 말했다.

"네."

나는 1970년이 돼서야 내가 읽고 있는 내용이 무엇인지 이해했다. 그전까지는 책 한 장을 읽고도 무엇을 읽었는지 몰랐다. 어쨌든 경이로운 식견이다.

나는 끊임없이 공부하면서 태도를 올바르게 유지한다. 태도를 개선할 유일한 방법은 공부다. 그 외에 다른 방법은 없다. 우리는 자신이 누구인지에 대해, 우주와 자신의 관계에 대해 더 깊이 이해하려고 노력해야 한다.

또한 나는 회사의 일을 개선하기 위해 끊임없이 시도하고 있다. 나는 언제나 매출을 늘리고 싶고 더 많이 팔고 싶다. 나는 판매 아이디어를 얻기 위해 영업부서와 함께 일하며 항상 새로운 프로그램을 만들어내는 데 주저함이 없다. 지금도 1984년에 쓴 《밥 프록터의 위대한 발견》을 통독하는 수업을 만들고 있다.

나는 1961년에 공부를 시작했다. 즉 23년 동안 공부해서 위 책을 쓴 것이다. '돈이란 무엇인가', '최선을 다한 후 기도하라', '진동의 법칙' 등 책의 논제들도 모두 훌륭하다. 그 책을 쓴 지 36년이 흘렀지만 지금도 같은 논제를 사용한다. 왜냐하면 이제 그 논제들을 더 잘 이해하고 훨씬 더 깊이 파고들 수 있기 때문이다.

나아가 목표를 가져야 한다. 항상 기준을 높이 세우고, 자신의 태도가 성공과 실패를 결정한다는 걸 염두에 두어야 한다. 그런 다음에야 올바른 방향으로 나아갈 수 있다.

새로운 패러다임을 만드는 3가지 규칙

다음은 몇 가지 기본적이고 간단한 규칙이다. 이 규칙을 따르면 승리하지만 따르지 않으면 패배한다. 높은 목표를 설정하고 그 목표를 좇고 싶다면 무조건 따라야 하는 세 가지 규칙이 있다.

첫 번째는 '결정'이다.

두 번째는 '시각화'의 이해다.

세 번째는 '규율'이다.

이 규칙들은 내가 태도를 계속 올바르게 유지하고 나 자신과 회사를 위해 상황을 올바른 방향으로 움직이는 방법이기도 하다.

앞서 여러 차례 네빌을 언급했는데, 자기계발 분야에서 그의 업적은 내게 커다란 영감을 안겨주었다. 내 태도를 부정적인 쪽에서 긍정적인 쪽으로 바꿔놓은 한 가지는 잠자리에 들기 직전 네빌이 했던 다음 질문을 반복하는 것이었다.

'만약 내 꿈이 이뤄졌다면 내 기분은 어떨까?'

나는 매일 다양한 질문을 하고 다양한 꿈을 그리며 무엇보다 기분을 아주 중요하게 여긴다. 핵심은 어떻게 생각하느냐가 아니라 어떻게 느끼느냐다. 우리는 우리가 생각하는 대로 되는 것이 아니라 느끼는 대로 된다. **생각은 의식적인 마음이고 기분은 잠재의식이기 때문이다.** 이것이 인간이라는 존재의 보편적인 측면이다. 느끼기 위해서는 그 꿈이 이뤄지는 모습을 보는 것, 즉 시각화가 필요하다.

결과를 '향해서'가 아니라 결과에서 '출발해야' 한다. 제대로 했다면 올바른 길을 따라갈 수 있고, 목표가 현실로 드러나는 것은 단순히 시간문제일 뿐이다. 이미 우리는 지성과 감성, 마음속으로 그 목표를 이뤄냈기 때문이다. 물론 누구도 그 생각의 잉태 기간이 얼마나 되는지는 알지 못한다. 여기서 신념이 필요하다.

뛰어난 성과를 내는 패러다임의 또 다른 측면들을 살펴보자. 첫 번째 생각은 '당신이 어떻게 느끼고 행동하는지에 책임을 지라는 것'이다. 에너지는 우리를 통해 흐르고, 그 에너지를 원하는 방향으로 끌고 가는 것은 우리에게 달렸다.

이런 식으로 한번 생각해보자. 우리는 영적인 존재다. 우리는 혼을 가진 게 아니라 우리 자신이 혼이다. 영靈은 혼魂

이 지시를 내려주길 기다린다. 그렇기 때문에 우리는 "기다려봐. 그러면 주실 거야."라는 말을 듣는다. 가고 싶은 곳이 어디인지 이미지를 만들어내야 한다. 영은 언제나 우리를 향해, 우리를 통해 흐르고 우리는 그 영을 이끌어야 한다. 혼은 자기를 향해, 자기를 통해 흐르는 에너지를 영원히 이끌어야 한다.

모든 것이 우리에게 달렸다. 신은 우리가 어디로 가야 할지 정해주지 않는다. 그 결정은 우리가 한다. 신은 행하지만 우리는 결정을 내린다. 신은 우리를 통해 모든 일을 행한다. 우리의 존재 구석구석에 존재하는 신은 합법적이고 질서 정연한 방식으로 힘을 발휘한다. 신은 우리의 이미지를 가져와 바꿔놓으며 그때부터 이미지는 형태를 갖추기 시작한다. 이제 우리의 꿈이 물리적인 형체를 갖추는 것은 시간문제다. 사람들은 우리가 꽤 오랫동안 봐왔던 꿈을 볼 수 있게 된다.

두 번째 원칙은 '원하는 것이 무엇인지 결정하고 마치 이미 얻은 양 행동하는 것'이다. 우리가 원하는 것이 한 가지 상태가 아니라면 다른 상태로라도 이미 이곳에 존재한다. 대부분 사람은 그 점을 이해하지 못한다. 즉 그 무엇도 창조되거나 파괴되지 않으며 모든 것이 이미 이곳에 존재한다는 것을 이해하지 못한다. 그래서 베르너 폰 브라운은 케네디 대통령에게 사람을 달에 보내는 데 필요한 건 "의지가 전부"라고 말한 것이다. 우리의 목표를 달성하기 위한 방법과 수단은 이미 여기에 존재한다. 우리는 그저 그 방법과 수단에 손을 내밀기만 하면 된다. 우리가 결정할 때 유일하게 해야 할 일은 바로 이 질문을 하는 것이다.

'나는 진정 이 일(이것)을 원하는가?'

—————

규칙1. 어떤 사람이 될지 결정한다

우리는 주파수에 맞춰 움직인다. 우리의 앞에 마치 줄 공책처럼 여러 개의 선이 그어져 있다고 상상해보자. 각 선은 진동수 혹은 주파수를 의미한다. 아래쪽에 그어진 선 위에 R이라고 쓰고 "저 R은 성과Result의 R이다."라고 말해보자. R은 우리가 현재 있는 곳이다. 이제는 위쪽으로 올라가서 오른쪽에 별을 그리자. 이 별은 더 높은 선, 그러니까 더 높은 주파수에 있는 것으로 우리가 원하는 대상이다.

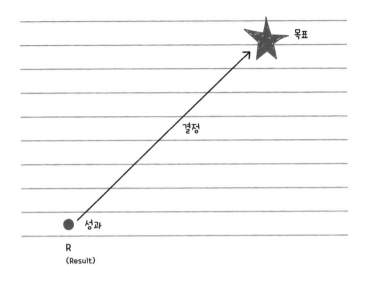

우리는 우리의 의식을 원하는 주파수까지 올려놔야 한다. 그렇지 않으면 목표에 도달할 수 없다. **앞으로 되고 싶은 사람처럼 행동하라. 그 주파수에 도달해 그곳에서 살아가라.**

이것이 바로 소망이 결과로 나타날 유일한 방법이다. 대부분 사람은 목표를 세우기만 할 뿐 도달하지 못한다. 자신이 되고 싶은 사람처럼 행동하지 않기 때문이다. 우리는 그런 사람이 '되어야' 한다. 독일의 문호 괴테는 이렇게 말했다.

"무엇을 할 수 있기 전에 우선 무언가가 '되어야' 한다."

규칙2. 현재형 인생 시나리오를 쓴다

내 세미나에서 제시하는 한 가지 기술은 자신의 인생 시나리오를 현재형으로 쓰고 녹음해서 들어보는 것이다. 어떻게 살고 싶은지, 무엇을 원하는지 가능한 한 자세히 써야 한다. 또한 언제나 현재형이어야 하고 그 안에 감사한 마음을 담아야 한다. 아래에 자신의 인생 시나리오를 한 줄로 써보자.

```
나는 지금

_____ 해서
행복하고 감사하다.
```

이 시나리오를 쓰려면 목표가 이뤄진 시점으로 가서 그곳에서 살고 있다고 생각해야 하는데 쉬운 일은 아니다. 목표를 이룬 자신이 무엇을 생각하는지, 무엇을 하는지, 어떻게 살고 있는지 묘사해보자. 그것이 인생 시나리오다.

어쩌면 직장 동료나 이웃, 가족이나 친구는 이렇게 말할 수도 있다. "당신이 정말 그런 사람이라고 생각하는 거야?"

그 말이 듣기 싫다면 목표에 도달하지 못한다. 사람들이 뭐라고 하든 지나쳐야 한다. 이미 목표 지점에 가 있는 자신의 모습을 보지 않으면, 그렇게 말하고 걷고 행동하지 않으면 절대로 목표를 달성하지 못한다.

이때 상상은 훌륭한 도구다. 상상은 그저 아이들이 가지고 노는 것이 아니라 지혜로운 모든 이가 가치를 창조하기 위해 사용하는 정신적 도구다. 우리는 상상을 통해 우리가 있고 싶은 곳에 자신을 데려가 이미 그곳에 가 있는 우리의 모습을 봐야 한다. **목표를 달성한 사람처럼 걷고, 목표를 달성한 사람처럼 말하고, 목표를 달성한 사람처럼 행동해야 한다.** 마음속에서 우리는 이미 그곳에 '있기' 때문이다.

그것이 기도다. 기도는 우리 안에서 혹은 우리를 통해 영혼과 형상 사이에 벌어지는 일 그 자체다. 모든 기도는 응답을 받는다. 대부분 사람은 기도하는 것을 무릎을 꿇고 자신이 원하는 것을 말로 되뇌는 일이라고 생각한다. 그런 것은 기도하는 것이 아니다. 그저 무릎 꿇고 떠드는 행위에 지나지 않는다. 언젠가 한 목사가 내게 이런 말을 한 적이 있다. "기도한다는 것은 사람들이 '바라고 염원하는 것'(기도)을 위해 하는 모든 행위다." 이 말을 곰곰 생각해보면 얼마나 정확한 말인지 알 수 있다. 기도는 우리가 영적으로 원하는 것에 정신적으로 도달한 상태로, 거기에 흠뻑 빠져야 한다. 그런 다음 그 상태가 우리 전체로 퍼져나가도록 둔다. 그때부터 목표가 형체를 갖추기 시작한다. 이제 우리의 꿈이 물리적 형상으로 드러나는 것은 시간문제이며 사람들은 당신이 꽤 오랫동안 봐온 것들을 볼 수 있게 된다.

얼 나이팅게일은 이렇게 말했다.

"위대한 꿈, 즉 꿈꾸는 자 외에 다른 사람들은 보지 못하는 역동적인 파도는 인류의 모든 위대한 발전을 만들어낸다."

내가 가장 좋아하는 명언 중 하나다. 인생 시나리오를 쓰고 녹음하는 행위가 중요한 또 다른 이유는 우리 대다수가 마음속 두려움에 대한 잡담과 자기 대화에 익숙해져 있기 때문이다. 그 익숙함은 우리를 낡은 패러다임으로 다시 끌어온다. 머릿속에서 두려움을 반복해 말하며, 그 말이 우리의 목소리인 양 듣는다. 그러나 자신의 목소리를 담아 현재형의 인생 시나리오를 쓰고 스스로 그 현실을 되풀이해 말하는 소리에 귀를 기울인다면, 원하는 것을 향해 내면의 목소리를 다시 쓸 수 있다. 이 행위는 아주 효과적일 수밖에 없다. 우리가 우리 자신의 목소리를 믿기 때문이다. 그 목소리가 우리의 잠재의식에 닿아야만 한다.

모든 위대한 연기자가 그렇게 한다. 이 개념을 정말로 이 해하고 싶다면 스텔라 애들러 Stella Adler가 쓴 《연기의 기술》 The Art of Acting을 읽어보자. 그녀는 위대한 메소드 연기 스승이 었다. 말런 브랜도는 애들러에게서 배웠는데 메소드 연기로 스타가 된 첫 제자였으며 그녀의 책에 추천사를 쓰기도 했 다. 사실 애들러는 책을 쓴 적이 없다. 학생들을 가르쳤을 뿐 이며 그녀가 세상을 떠난 뒤 하워드 키셀 Howard Kissel이라는 사람이 그 가르침을 모아 《연기의 기술》이란 책으로 엮었다.

철학자 윌리엄 제임스는 이렇게 말했다.

"당신이 되고 싶은 사람처럼 행동하라."

내가 알기로 율 브리너는 〈왕과 나〉에서 시암의 왕 역할을 맡아 3,000번 이상 무대 위에 올랐다. 그는 무대에 오를 때마 다 마치 첫 공연을 하는 것 같았다. 율 브리너는 배역에 몰입 하는 법을 이해하고 있었다.

조지 캠벨 스콧 George Campbell Scott은 영화 〈패튼 대전차 군 단〉을 찍으면서 패튼 장군을 너무나 똑같이 재현해내서 촬

영장에 있던 장군의 친구 몇몇을 겁에 질리게 했다. 스콧은 위대한 배우였다. 모든 위대한 배우는 자기 역할에 생명을 불어넣는다. 우리가 해야 할 일이 바로 그것이다. 우리는 우리의 시나리오를 쓰고 그 역할대로 살아야 한다. 그렇게 해서 목표는 형체를 갖추게 된다.

끝까지 해내게 하는 조력자를 만들어라

위대한 성과를 위한 패러다임을 세우는 또 다른 중요한 기술은 책임조력자Accountability Partner를 얻는 것이다. 우리는 행동을 하겠다고 말하고, 아마 그 말을 하면서 믿기도 할 것이다. 그러나 인생은 빈번히 꼬여버리고 우리는 행동을 하지 않는다. 사람들은 자신이 세운 행동 방침에 충실하다고 말할 때조차 여전히 행동하지 않는다.

만일 번복할 수 없는 약속을 했을 때 책임조력자가 있다면 약속을 지키기 위해 노력할 것이다. 평소에 존경하거나 우리를 존경했으면 싶은 사람을 책임조력자로 선택하자. 그런 다음 "나는 이 일을 할래."라고 말하자. 그들은 우리가 그 일에 책임을 다하도록 뒷받침해줄 것이다. 우리는 그들이 실망하는 모습을 보고 싶지 않고, 그들의 눈에 나쁘게 비치기를 바라지 않는다. 따라서 그 일을 해낼 가능성이 상당히 커진다.

앞서 샌디 갤러거와 내가 서로 조력하는 방식을 설명한 바 있다. 매일 아침 나는 문장을 쓰고 이것을 세 번 쓴 다음 녹음해서 샌디에게 보낸다. 나는 샌디가 나를 존경하길 원하기 때문에 내가 할 일을 하지 않는다고 그녀가 생각하지 않길 바란다. 그리고 샌디 역시 내가 그를 존경하길 바란다는 것을 안다. 그렇게 우리는 다양한 프로젝트에서 서로의 책임조력자가 되어주었다.

시간이 흐를수록 샌디와 나는 놀라운 파트너십을 발휘했다. 샌디는 내가 잘 못하는 일을 아주 잘하고, 나는 샌디가 잘 못하는 일을 아주 잘한다. 최근 우리는 회사의 어떤 사람에 대해 이야기를 나눴는데, 나는 이렇게 말했다. "그 사람은 자기가 뭘 못하는지 잘 몰라. 그래서 곤란해지는 거야."

우리가 무엇을 잘 못하는지 알고 있어야 한다. 잘 못하는 것은 괜찮다. 이미 얘기했지만 모든 것을 잘할 필요는 없다. 내가 절대로 잘할 수 없는 몇 가지가 있다. 심지어 시도해보고 싶지도 않다. 나는 다른 사람에게 그 일을 시키고, 대신 내가 하는 일을 더 잘하려고 노력한다. 우리가 잘하는 일에서는 더욱 잘하도록 노력하고 잘 못하는 일은 관리하며 다른 누군가를 책임지도록 하자. **앞으로 어떤 일을 할 것이라고 말할 때 그 일을 해낼 것임을 확실히 하자.**

───────

불편한 목표에 감정적으로 이입하라

이번에 다룰 요점은 비전을 자연스레 느끼라는 것이다. 목표에 관한 생각과 시나리오를 정기적으로 검토하다 보면 한때 부자연스럽게 느껴지던 것들이 마침내 자연스럽게 느껴질 것이다.

이는 자동차를 운전하는 것과도 같다. 처음 운전을 시작했을 때 나는 영영 운전하는 법을 배울 수 없을 거라고 생각했다. 나는 운전을 어머니에게 배웠는데, 어머니는 내게 소리를 지르며 가르쳤고 나도 되받아쳤다. 어머니는 내게 이렇게 말했다. "나한테 소리 지르지 마. 나는 네 엄마라고!" 그렇게 싸우는 속에서 기어를 바꾸고, 클러치에서 발을 떼고, 적절한 시간에 브레이크를 밟는 법을 알아내야 했다. 정말 불편하고 무섭기까지 하지만 시간이 흐르면 이런 절차에 신경조차 쓰지 않게 된다. 완전히 무의식적으로 운전을 하는 것이다. 불편한 일을 반복적으로 하다 보면 결국 그 일을 편안하게 느끼기 시작한다.

우리의 잠재의식 속에 X라는 생각이, 의식적인 마음속에는 Y라는 생각이 있다고 치자. X는 프로그래밍이자 패러다임이다. Y는 새로운 생각이다. 직장을 그만두고 사업을 시작하려 한다고 하자. 우리는 Y라는 생각에 감정적으로 이입하려고 애쓰지만 X는 그 생각을 재빨리 내쫓아버린다. 그리고 직장을 그만두고 새로운 사업을 시작하는 것을 아주 불편하게 느끼도록 만든다. 사업을 저당 잡히고, 집을 저당 잡히고, 저축한 돈을 모두 날리는 등 오싹한 생각이 든다. 그러나 Y라는 생각을 계속 간직하고 감정적으로 이입하면 금세 Y라는 생각은 X가 되고 Y라는 생각이 편안해진다.

이것이 우리가 해야 할 일이다. **불편하다고 느끼는 생각에 감정적으로 계속 이입하라.** 그러면 머지않아 그 생각은 상당히 편해질 것이다. **그 순간이 생각을 패러다임으로 전환하는 시점이다.**

편안함은 머무르기에 좋은 곳이 아니다. 인생의 모든 것이 정말로 편안해진다면 우리는 그 안에 갇혀 절대로 성장하지 못한다. 상당히 불편하게 느껴지는 일을 해야 하고, 그 일이 편안하게 느껴질 때까지 계속 노력해야 한다. 편안함이 느껴지면 다시 불편함을 초래하는 또 다른 목표를 설정하자. 불편함은 우리가 성장하고 있으며 이전엔 가보지 못한 곳으로 가고 있음을 시사한다.

남을 흉내 내지 말고 자기 자신이 되어라

목표를 향해 나아가기 위해서는 새로운 기준을 세울 필요가 있다. 이는 자존감이라는 개념의 일부다.

나는 내가 정말로 존경하는 사람들처럼 행동하려고 노력한다. 얼 나이팅게일이 이해했던 만큼 나도 이해할 수 있길 바란다. 토머스 트로워드가 이해하는 만큼, 네빌이 이해하는 만큼 이해할 수 있길 바란다. 나는 거물들을 정해서 그들처럼 행동하려고 애쓴다.

그렇다고 그들을 질투하거나 모방하고 싶지는 않다. 랠프 월도 에머슨은 《자기신뢰》에서 다음과 같은 멋진 말을 했다.

누구든 배우는 과정에서 질투는 무지이며 모방은 자살이라는 확신에 다다르는 순간이 찾아온다. 좋든 나쁘든 자기 자신을 있는 그대로 받아들여야 한다.

누군가를 질투하는 건 이렇게 말하는 것과 같다. "나는 저 사람이 가지고 있는 능력을 나도 가지고 있음을 깨닫지 못하고 있어. 저 사람은 그 결과를 성취하기 위해 자신의 능력을 사용한 거야. 나는 내게 그 능력이 있는지 모르기 때문에 질투를 하지. 나도 저런 결과를 얻고 싶어. 나도 저 사람이 한 것처럼 했으면 좋았을 텐데." 질투는 무지다. 그리고 모방은 자살이다. **우리가 다른 사람과 똑같아질 방법은 없다.**

《밥 프록터의 위대한 발견》에도 인용된 제임스 무어James Moor의 아름다운 시를 보자.

오직 하나뿐인 당신
풀잎 하나하나
그리고 눈송이 하나하나
아주 조금씩은 다르지….
이 세상에 똑같은 둘이란 없지.

작디작은 모래 한 알부터

거대한 별에 이르기까지

모두가 '이런' 마음으로 만들어졌지,

그냥 지금 모습 그대로 존재해야 한다는 마음으로!

그러니 흉내 낸다는 게 얼마나 어리석니,

겉치레가 얼마나 부질없니!

우리 하나하나는 '마음'에서 나왔고

마음이 내놓는 생각은 절대 동이 나지 않거든.

이 세상에 '나'는 오직 '하나'뿐이니

내가 할 수 있는 일을 보여줄 수 있지.

그러니 당신도 아주 자랑스러워해야 해.

이 세상에 '당신'은 오직 '하나'뿐이라는 사실을.

모든 것이 당신으로부터 시작하지.

이 경이롭고 무한한 가능성을 가진 인간으로부터.

규칙3. 스스로에게 엄격해져야 한다

그다음 핵심은 자기규율Self-Discipline을 발전시켜 나가는 것이다. 지금 우리가 규율도 지키지 않고 제멋대로 행동하며 살고 있다는 의미는 아니다. 단지 규율적인 사람이 되는 데 우선순위를 둔 적이 없다는 의미다. 우리 자신에게 말한 대로 움직이라는 명령을 내리자.

나는 모든 사람이 규율을 지킨다고 생각한다. 다만 간혹 잘못된 일에 규율을 만드는 사람들이 있다. 그들은 자신이 만든 규율을 지키기 위해 옳고 그름을 따지지 않고 행동한다. 예를 들어 중독자들이 그렇다. 그들은 자신의 욕망을 중독으로 이끄는 과정에서 철저히 규율을 따른다. "나는 이 일을 할 거야." 이렇듯 규율이란 스스로에게 명령을 내리고 따르는 능력이다. 우리가 이 능력을 발휘하면 하고자 하는 일들을 실제로 이루거나 발전시킬 수 있다.

최근 나에게 어떤 조언을 구한 한 여성에게 문자를 보냈다. 그녀는 내가 그녀를 위해 녹음한 음성을 듣기 시작했다. 한동안 녹음을 듣다가 멈췄고, 그 후 다시 듣기 시작했다. 나는 그 사실을 알았을 때 다음과 같은 문자를 보냈다. "축하해요! 나는 당신이 녹음을 다시 듣기 시작한다는 것을 알았어요. 앞으로 30일 동안 혹은 60일 동안 이 녹음을 매일 들으면서 스스로 세운 규율을 지켜나가면 그 습관은 당신 인생의 모든 영역에 영향을 미칠 거예요."

'그럴 수도 있지'라고 말하는 습관을 가져라

또 하나 가치 있는 기술은 일상 업무에 자기암시를 활용하는 것이다. 자기암시란 자기 자신에게 건네는 일종의 '제안'이다. 의식적인 상태에 있는 자신을 잠재의식으로 이끄는 생각을 가리킨다. 평소 우리는 알게 모르게 자기암시를 쓴다. 머릿속에 떠오르거나 감정적으로 느끼는 모든 생각이 바로 자신에게 보내는 '제안'이다.

자기암시를 일종의 자기최면처럼 이해하면 쉽다. 마치 나의 외부 어딘가에 있는 다른 누군가가 나에게 최면 암시를 건다고 생각하는 것이다. '그렇게 해야 해.' 당신은 자신에게 건넨 제안을 스스로 반복해서 곱씹기를 바라게 될 것이다.

얼 나이팅게일은 〈괜찮아, 그럴 수도 있지〉That's good라는 오디오 강연에 친구 윌리엄 클레멘트 스톤William Clement Stone 과의 한 일화를 담았다. 스톤은 빈손으로 시작했지만 세상을 떠날 때쯤에는 세상에서 가장 부유한 사람 중 한 명이 되어 있었다. 그는 "괜찮아, 그럴 수도 있지."라고 말하는 습관이 있었다. 무슨 일이 일어나든 상관없이 그는 항상 그렇게 말 했다. **모든 상황에서 좋은 면을 찾으면 모든 것에서 좋은 점을 찾을 수 있다.** 모든 것에는 좋은 점이 있기 때문이다.

사랑하는 내 친구 마이클 버나드 벡위스는 언젠가 내 마음 에 쏙 드는 생각을 공유한 적이 있다. 그는 어떤 일이 벌어질 때 그 상황에 접근하는 세 가지 단계가 있다고 했다.

1. 상황을 보고 이렇게 말한다. "이게 그거구나." 그리고 받아 들인다. 상황이 우리를 지배하거나 우리가 상황을 지배할 것이다(여기서 다시 '대응'과 '반응'이 등장한다).

2. 좋은 점을 찾는다. 모든 것에는 좋은 점이 있다. 잘 찾아볼 수록 더 많이 발견할 것이다.

3. 나머지는 모두 잊자. 용서하고, 떠나보내고, 완전히 내버 리자.

결정 앞에서 꾸물거리는 버릇을 버려라

다음 원칙은 꾸물거리는 버릇은 버리고 목적을 향해 속도를 내는 것이다. 이 원칙을 다루는 방법은 오직 하나뿐이다. 모든 것에는 반대가 있다. 꾸물대는 버릇의 반대는 결단력이다. 사람들이 나를 찾아와 꾸물대는 버릇 때문에 곤란하다고 하면, 나는 다른 사람을 찾아 둘이서 60일 동안 매일 《생각하라 그리고 부자가 되어라》에서 결단력에 관한 장을 읽어보라고 말해준다. 그 장은 책에서 가장 길지만 정말 훌륭한 부분이다.

이 장을 읽는 동안 두 사람이 같은 동네나 장소에 있을 필요는 없다. 서로 전화로 통화할 수도 있다. 한 사람이 읽기 시작해서 몇 줄을 읽은 뒤 "다음 차례."라고 말한다. 그러면 상대방이 넘겨받아 몇 줄 읽은 뒤 "다음 차례."라고 말하면 된다. 두 사람 모두 상대방이 소리 내어 책을 읽는 동안 함께 읽어야 한다. 그렇지 않으면 어디에서 넘겨받을지 알 수 없다. 이 일을 60일 동안 한다면 꾸물대는 버릇을 버릴 수 있다. 꾸물대는 버릇은 그저 결정을 내리지 않는 문제일 뿐이다.

제 7 장

나를 제대로 알아야
완전히 달라질 수 있다

자유로워지고 싶다면
나는 내가 되어야 한다.

_빌 고브

감사는 아름다운 개념이다. 일곱 번째 장이 되어서야 이 이야기가 나온다는 건 참 우스운 일이다. 월러스 워틀스는 저서《부자가 되는 과학적 방법》에서 부를 이뤄내는 과정의 중요한 요소 중 하나로 '감사의 법칙'을 말했다. 그 내용은 이렇다. "마음을 가다듬고 속죄하는 모든 과정은 한 단어로 요약된다. 바로 '감사'다."

매일 감사한 것 10가지를 써라

방해를 받을 때마다, 거슬리는 일이 생길 때마다 홀로 조용한 곳에 가서 앉아보자. 펜과 메모장을 꺼내어 이렇게 묻자. '나는 무엇에 감사해야 할까?' 그냥 몇 가지 사항을 간단하게 끼적이는 훈련이라고 생각하지 말자. 무엇에 감사해야 할까? 모두 다 적어보자.

샌디 갤러거와 함께 피닉스에서 세미나를 열었을 때의 일이다. 나는 내가 할 일을 모두 마친 후 도시를 뜰 예정이었는데, 샌디가 몇 가지 개인적인 어려움을 겪고 있다고 말했다. 나는 잠시 생각했다. 지금 여기서 그 문제에 대해 샌디와 대화를 나눠야 할까? 나는 이렇게 말했다.

"그렇군요. 자, 갑시다. 길을 건너요."

길 건너편에 오래된 커피숍이 있었다. 커피숍에서 나는 냅킨 한 장을 뽑으며 말했다.

"첫째, 당신이 감사하는 10가지 일을 써주세요. 둘째, 당신을 성가시게 하는 사람 세 명을 떠올리고 그들에게 사랑을 전해보세요. 셋째, 5분 동안 완전히 긴장을 풀고 명상을 한다음 나머지 하루에 좋은 기운이 찾아오길 청해봐요."

그런 다음 나는 지나에게 전화했다. 지나는 30년 이상 함께 일해온 아주 뛰어난 비서다.

"지나, 종이철을 하나 만들어서 복사 좀 해주시겠어요?"

한 시간도 안 되어 지나가 왔다. 종이철의 첫 장 맨 위에는 '감사'라고 적혀 있었고 아래에 '샌디 갤러거'라고 적혀 있었다. 그리고 세로로 숫자 1부터 10까지 적혀 있었다. 샌디가 감사하는 일 10가지를 쓸 수 있게 하기 위해서였다. 그리고 이런 말이 적혀 있었다. '당신을 성가시게 하는 사람 셋에게 사랑을 전하자.' 그 밑에는 '5분 동안 긴장을 풀고 하루 동안 인도받기를 구하자.'라고 쓰여 있었다.

지나는 샌디를 위해 종이철을 세 개 가져왔다. 샌디는 다음 날 어머니와 여동생과 같이 하와이에 가기로 했고, 각자 하나씩 쓸 수 있도록 종이철들을 챙겼다. 첫날 아침, 어머니와 여동생은 샌디가 미쳤다고 생각했다. 그러다 두 사람은 그녀를 기쁘게 해주기 위해 이 작업을 하기 시작했고, 곧 여기에 푹 빠지고 말았다. 이후 두 사람은 이 작업을 매일 아침 하기 시작했다고 한다. 아마 아직도 하고 있을 것이다.

감사는 우리를 우리의 근원과 엮어주는 태도다. 우리를 성가시게 하는 사람들이 교통사고라도 당했으면 좋겠다는 생각이 들 때 그들에게 사랑을 보내보자. 누군가가 나를 괴롭혀서 그 사람에 대해 나쁜 생각을 할 때, 해로운 진동에 머물게 되는 이는 누구인가? 그 기운은 내게로 와서 통과해갈 것이다. 묘책은 그 흐름을 통제하는 것이다. 에너지는 나에게로 흘러와 나를 통과한다.

따라서 우리는 우리를 성가시게 만드는 사람에게 사랑을 보내야 한다. 그래야 사랑이 깃든 진동수에 들어올 수 있다. 우리가 누리게 되는 이득은 어마어마하다. 그러니 **모든 사람을 사랑하자.** 그 후에는 완전히 긴장을 풀고 하루 동안 인도받기를 구하자. 나는 매일 그렇게 한다.

샌디가 자기 경험에 관해 들려준 이야기들은 사업적으로나 개인적으로도 모두 믿기 어려울 정도였다. 그 일들로 그녀의 인생이 통째로 바뀌었기 때문이다. 그중 하나는 그녀가 어떤 사람들 때문에 힘겨운 시간을 보내며 법정까지 갈 생각을 하고 있었을 때였다. 그녀는 모든 문제가 완벽하게 해결될 것이라고 상상했고 그들에게 감사와 사랑을 보냈다. 그러자 일주일도 채 지나지 않아 그녀가 몇 달간 고생했던 문제가 해결됐다.

이는 내가 알려주는 기술 중에서도 가장 유익한 기술이다. 잠자리에 들기 전에 감사하는 연습을 해보자. **감사하는 느낌은 멋진 진동이다. 그 진동을 통해 우리는 우리의 근원과 연결될 것이다.**

사랑의 주파수를 맞출 때 얻게 되는 것들

우리 자신을 사랑의 주파수에 맞출 때 사랑은 우리가 끌어당길 수 있는 모든 것이 된다. 우리는 우리와 공명하는 것만 끌어올 수 있다. 완전히 귀납적인 공명이다. 이는 전기를 다루는 것과 같다. 우리의 몸이 전자 기계이며 매우 빠른 속도로 진동하는 분자집단이라고 생각하자.

이 연습을 할 때 놀랍도록 멋진 진동수와 만날 것이다. 그리고 가치 있는 것들을 우리의 인생으로 끌어당기기 시작할 것이다. 절대 벌어질 거라 생각하지 못했던 일들이 우리의 눈앞에서 벌어진다. 우리의 관점은 완전히 바뀌고, 그 누구에게도 나쁜 감정을 갖지 않게 된다. 상황에 반응하는 일을 그만두게 된다.

긴장을 풀고 인도받기를 구하기 시작할 때 그 답이 얼마나 빠르고 아름답게 찾아오는지 감탄할 것이다. 그리고 답은 언제나 찾아올 것이다. 하루 중 어느 때나 이를 실천하기 위해 잠시 멈추도록 하자. 소소한 어려움을 겪을 때, 그냥 잠깐 멈춰서 침묵하며 인도받기를 구하자. 그러면 언제나 답이 찾아올 것이다. 구하라, 그러면 얻을 것이다.

더불어 감사일기를 쓸 수도 있다. 감사일기는 매우 유용하다. 내 생각에 아침은 감사하는 태도를 갖추기에 가장 좋은 때다. 감사하다고 생각되는 일 10가지를 쓰고, 우리를 성가시게 하는 사람에게 사랑을 보내고, 하루 동안 인도받기를 구하는 습관을 세우자.

때론 온종일 이 연습을 실천해보고 싶을 수도 있다. 문제가 떠오르면 곧바로 일기에 기록하자. 이 감사일기를 평범한 메모로 활용하지는 말자. 처음 계획했던 대로 사용하자. 약간의 문제가 발생했을 때 버겁다는 느낌이 들거나 그날 벌어지는 일에 그저 반응하고 있을 뿐이라는 확신이 들 때 감사일기를 꺼내자.

월러스 워틀스가 말했듯이 감사는 '마음을 다스리는 모든 과정'이다. 문제가 생겼을 때는 마음을 다스려야 한다. **모든**

문제는 마음에서 생겨나기 때문이다. 한 멘토는 내게 이렇게 말했다. "당신 자체가 당신이 겪을 유일한 문제예요, 밥. 그리고 유일한 해결책이죠."

그의 말이 옳다. **우리는 우리가 겪게 될 유일한 문제이며 유일한 해결책이다.** 그 사실을 이해하면 우리는 어려움을 겪을 때마다 우리 자신이라는 문제를 해결하기 위해 매일 차분히 앉아 감사하는 일의 가치를 깨달을 것이다. 감사는 경이로운 태도이며 삶 전체를 바꿔놓는다.

자유롭길 원한다면 나에 대해 공부하라

패러다임을 바꾸기 위한 또 다른 효과적인 생각은 자유와 관련이 있다. 종종 사람들이 인생에서 뭔가가 변화하는 모습을 본다면 아마도 좀 더 자유로워지는 모습을 보는 것이리라. 우리가 여는 세미나에서 샌디 갤러거는 가끔 이렇게 말한다. "더 이상 당신에게 적합하지 않거나, 성장하는 데 도움이 되지 않거나, 행복하게 만들어주지 않는 것은 무엇이든 버릴 수 있을 만큼 자기 자신을 존중하세요."

우리는 우리 자신을 자유롭게 풀어줄 수 있는 유일한 존재다. 빌 고브도 이렇게 말했다.

"자유로워지고 싶다면 나는 내가 되어야 합니다. 여러분이 생각하는 내가 아니고, 내 아내가 생각하는 내가 아니며, 우리 아이들이 생각하는 나도 아닙니다. 자유로워지고 싶다면 나는 내가 되어야 합니다. 내가 누구인지 알아야 합니다."

나 자신을 공부하는 것으로 되돌아가자. 내가 무슨 생각을 하는지 이해하고, 내 마음이 어떻게 작동하는지 이해하고, 의식과 무의식이 어떻게 움직이는지 이해하고, 나의 지적 능력에 비해 나의 감각이 맡은 역할을 이해해야 한다. 이 모든 것을 정말로 이해한다면 우리는 훨씬 큰 자유를 즐기리라고 생각한다.

오늘날 내가 만끽하는 자유는 1961년에 처음 《생각하라 그리고 부자가 되어라》를 집어 들었을 때 머물던 지점에서 한참 떨어져 있다. 당시 나는 스물여섯 살이었고, 살면서 책이라고는 한 장도 본 적이 없었다. 그리고 이 책은 너무 두껍다고 생각했다. 이제 나는 우리 집에 훌륭한 서재를 갖췄고 책을 사랑한다. 독서를 사랑하게 됐고 책을 많이 볼수록 더욱 자유로워진다고 생각한다.

자유는 우리 자신을 이해하고 신과 우리의 관계를 이해하는 데서 나온다. 이해가 없다는 것은 자신을 감옥에 가두는 것이다. 어떤 사람들은 자기 손으로 만든 감옥에서 산다. 아치볼드 매클리시Archibald MacLeish가 쓴 연극 〈자유의 비밀〉 The Secret of Freedom에는 한 인물이 벌떡 일어나 이렇게 말한다. "사람을 사람으로 만들어주는 것은 오직 사람의 마음이다. 그 외에 모든 것은 돼지나 집에서도 찾아볼 수 있다."

더 많이 공부할수록 더 자유로워진다. 더 많이 깨우칠수록 더 자유로워진다.

당신이 경제적 자유를 원해야 하는 이유

나는 모든 사람이 경제적으로 자유로워지려는 목표를 가져야 한다고 생각한다. 만일 돈에 대해 생각할 필요가 없다면 얼마나 많은 자유를 누릴 수 있는지 놀랄 것이다. 매일 대출을 어떻게 갚을지 생각해야만 한다면 자유롭지 못한 것이며 스스로 만든 감옥에 갇힌 것이다. 누구든 상대적으로 짧은 시간 안에 경제적 자유를 이룰 수 있다. **경제적 자유를 이루기 위해서는 새로운 패러다임을 만들어야 한다.** 경제적 자유를 이루는 법을 아는 사람을 찾아가 그가 이야기해주는 대로 정확히 행해야 한다. 나는 오래전에 그 습관을 들였고 아주 효과가 좋다. 우리가 자유를 경험할 수 있는 유일한 방법은 이것이다. 샌디와 나는 세미나에서 다음과 같은 말을 인용하곤 한다.

"환상이라는 가면을 벗고, 기대라는 사슬을 끊고, 그동안 배워온 뿌리 깊은 행동 양식을 파괴하자. 과거의 이야기는 포기하고 두려움은 떠나보내자. 진정한 모습의 내가 되기에 너무 늦은 일은 없다."

처음 이 생각을 접할 때 사람들은 이렇게 속삭이는 작은 목소리를 들을 수도 있다. '하지만 밥, 제게 의지하는 사람들이 많아요. 배우자, 아이들, 직원들이요. 그들은 제게 기대하고 있어요. 제가 어떻게 그 사슬을 끊어요? 20년 동안 해온 그 뿌리 깊은 행동을 어떻게 파괴해요? 저는 학대를 받으며 컸어요. 몇 년 동안 선생님들은 제가 멍청하다고 했고 절대로 아무것도 해내지 못할 거라고 말했어요. 제가 이 모든 걸 어떻게 놓아주죠?'

물론 이 과정이 하룻밤 만에 일어난다고 생각하지 않는다. 이 과정은 모든 사람이 노력해야만 하는 장기적인 목표에 가깝다. 나는 비록 쉬운 일은 아니었지만 위의 말대로 행동해왔다고 느낀다. 결국 패러다임을 바꾼다는 것은 그런 것이다. 우리는 너무나 많은 거짓된 믿음을 품었고 그 믿음이 우리를 꽁꽁 옭아매도록 내버려두었다.

《또 다른 삶을 위한 선택의 길》이라는 훌륭한 책에서 버논 하워드Vernon Howard는 "스스로 감옥에 갇혀 있음을 깨닫지 못한다면 탈출할 수 없다."라고 했다. 대부분 사람은 자기 손으로 만든 감옥에 갇혀 있지만 그 사실을 깨닫지 못한다. 이 말을 분석해본다면 자기 인생에서 꽤 많은 부분이 거짓이며 진실과 닮은 구석이 전혀 없음을 알게 될 것이다. 그 감옥으로부터 도망쳐야 한다.

많은 사람이 타인에 대한 책임을 느끼지만 실제로 우리는 그 누구에 대해서도 책임지지 않는다. 물론 우리는 우리 아이들이 일정 나이에 도달할 때까지 책임져야 한다. 그 후에 우리는 아이들에게 '책임감을 가지는' 것이지 '책임을 지는' 것이 아니다. 많은 부모가 아이들이 서른다섯 혹은 마흔이 되었음에도 여전히 책임져야 한다고 느끼기 때문에 힘든 시간을 보낸다. 부모는 결코 아이들을 책임지지 않는다. 한때는 그랬지만 그 시절은 한참 전에 지나갔다.

결국 자유는 아주 개인적인 문제다. 우리는 우리만의 생각을 다른 사람에게 강요해서는 안 된다. 얼 나이팅게일은 자신이 운영하는 프로그램에서 "저는 여러분에게 인생을 어떻게 살라고 말해주지 않을 거예요."라고 말했다. 대신 그는 사람들에게 훌륭한 제안을 한다. 그 제안을 따르면 아주 가치 있는 삶을 살 수 있다.

성인이 된 이후부터 지금까지 최선을 다해 나이팅게일의 제안을 따르면서 나는 상당한 자유를 누리고 있다. 처음 공부를 시작할 때 가능할 거라고는 생각도 못 했던 그런 자유다. 그리고 계속 더 발전하고 있다.

우리는 자유롭게 태어났지만 자유롭지 못하다. 우리는 자유로워질 수 있는 모든 조건을 갖추고 태어났지만 다양한 거짓 믿음과 패러다임을 물려받기도 했다. 누군가가 아주 오래전에 만들어낸 거짓 믿음과 패러다임이다. **이제 우리 안의**

믿음들 가운데 무엇이 거짓인지 판별하고 제거하는 일은 우리에게 달렸다. 그것이 진정한 인생의 묘책이다. 나는 그 작업을 하느라 몇 년의 시간을 썼으며 남은 삶도 그렇게 쓸 것이다.

제8장

부의 그릇을 키우는 태도는 따로 있다

패러다임을 바꾸면
돈을 버는 능력의 한계는 사라진다.

_밥 프록터

이 장에서는 패러다임을 바꿀 때 인생에서 발견할 수 있는 효과들을 살펴볼 것이다.

세상을 바라보는 마음의 눈을 바꿔라

가장 중요한 것은 관점이다. 관점을 바꿔 패러다임을 변화시킬 수 있다. 돈을 버는 능력을 생각해보자. 지금의 나는 처음 《생각하라 그리고 부자가 되어라》를 집어 들었을 때의 연봉보다 더 큰 돈을 한 시간 안에 벌 수 있다. 사실 나는 당시에도 그럴 수 있었고 모든 재능이 있었지만 그 사실을 알지 못했다. 인생에 대한 나의 관점은 내가 계속 그 자리에 머물도록 붙들었다. 나는 그게 정상이라고 생각했다. 전혀 정상이 아니었지만 나는 현실을 받아들였다. 내가 정말로 바꿀 수 있다고 생각하지 않았기 때문이다.

나는 내 신념 체계를 바꿨지만 관점의 변화는 믿음의 변화보다 앞선다. 두 눈을 감고 관점을 바꿔보자. 관점은 만물을 보는 방식을 바꿀 수 있게 해주는 정신적인 능력이다. 우리가 이미 가졌지만 인식하지 못했던 능력과 잠재력을 깨달을 수 있게 해준다.

관점은 정신적인 도구다. 관점과 마음의 관계는 청력과 마음, 시력과 마음 간의 관계와 같다. 우리는 신체적 감각 덕분에 물리적 세계와 소통할 수 있다. 또한 우리는 관점과 같은 지적 능력 덕분에 보이지 않는 세계와 소통할 수 있다. 단 한 번도 보지 못하고 알지 못했던 그런 세계 말이다.

우리는 창조적인 능력 덕분에 우리가 원하는 세상을 만들어갈 수 있다. 따라서 우리가 해야 할 첫 번째 일은 그 세상을 마음속으로 보는 것이다. **사물을 보는 방식을 전환하라.**

우리 자신과 우리가 할 수 있는 일에 대한 관점을 바꿀 때 세상은 우리를 위해 다르게 돌아가기 시작한다.

시간을 어떻게 쓸지 아는 것이 중요하다

패러다임 전환의 결과로 바뀌는 또 다른 인생 영역은 바로 시간의 활용이다. 모든 사람은 정확히 똑같은 양의 시간을 살아간다. 누군가에겐 하루가 더 길고, 누군가에겐 더 짧은 것이 아니다. 따라서 시간을 어떻게 사용하는지가 차이를 만들어낸다. 이제 나는 이 분야를 공부하기 전까지 1년 동안 해내던 양보다 더 많은 일을 하루 안에 달성한다.

한 영업사원이 하루에 전화 한 통을 더 한다고 가정해보자. 그날 해야 할 통화를 끝냈을 때 "전화를 한 통 더 해야겠어."라고 말하고 그 행동을 일주일에 다섯 번 하는 것이다. 그가 그다지 유능하지 않고, 제품을 설명할 기회가 다섯 번 있으며 그중 한 번 정도 계약을 체결한다고 하자. 여기서 그가 전화 한 통을 더 하면 1년 동안 50건의 매출을 더 올리게 된다. 매출 한 건당 100달러를 번다고 하면 1년에 5,000달러를 더 벌게 된다.

얼 나이팅게일은 내가 아는 그 누구보다 단기간에 더 많은 일을 해낸 사람이다. 어디서든 그토록 서두르는 사람을 본 적이 없다. 나는 그와 함께 일하며 5년 동안 지켜봤는데, 내가 아는 그 누구보다 단기간에 더 많은 일을 이뤄냈다.

하루는 시카고에서 나이팅게일과 함께 강연 행사에 가게 됐다. 지금껏 그와 따로 만날 기회가 없었기 때문에 나는 덥석 그 기회를 잡았다. 행사에 앞서 아침 식사를 하면서 그에게 물었다.

"나이팅게일 씨, 어떻게 해야 시간을 관리하는 법을 터득할 수 있죠?"

그러자 그가 나를 똑바로 보며 말했다.

"도대체 무슨 소리를 하는 겁니까? 저는 시간 관리의 달인이 아니에요. 그 누구도 그럴 수 없어요. 시간은 관리할 수 있는 게 아니거든요. 전 단지 활동을 관리하는 겁니다."

그는 주머니에서 카드 하나를 꺼내더니 말했다.

"저는 밤에 다음 날 해야 할 일을 적어놓아요. 그리고 다음 날 아침에 깨서 그 일을 하죠. 모두 결정되어 있으니까요."

나는 '위기의식'이라는 주제로 세미나를 열기도 했다. 차분하고 자신 있는 태도로 짧은 기간 안에 많은 일을 해치우는 사람은 위기의식을 갖고 있다. 어떤 사람에게 위기의식은 없고 할 일만 많다면 그는 아마도 만나는 모든 사람에게 혼란과 공황을 안겨줄 것이다. **위기의식은 차분하고 자신 있는 태도로 짧은 시간 안에 많은 일을 해낼 수 있게 해준다.**

우리가 하는 일 상당수가 실은 전혀 할 필요 없는 일들이다. 때문에 여기서 많은 시간을 아낄 수 있다. 반드시 마쳐야 한다고 생각하는 일 중 일부는 그냥 무시하는 것으로 마무리 지을 수 있다. 끝마칠 필요가 전혀 없는 일들인 것이다.

또한 우리는 일을 맡겨야 한다. 한번은 내 아내가 책상 위에 할 일이 잔뜩 쌓인 채 어쩔 줄 몰라 했다. 아내는 내게 도움을 청했다.

"나 좀 도와줄래?"

"좋아. 하지만 내가 하라는 대로 해야 해."

"그럴게."

아내가 말했다. 아내는 책상 위에 온갖 일을 켜켜이 쌓아두고 있었다. 나는 한 번에 하나씩 집어서 물었다.

"이건 뭐지? 꼭 해야 하는 일이야?"

"응."

"음, 그러면 이 일은 반드시 당신이 해야 해?"

"꼭 그렇지는 않아."

아내에게는 헬렌이라는 비서가 있었다. 그렇게 하나씩 정리하자 마침내 아내는 별로 할 일이 없게 되었다. 비록 헬렌이 할 일이 많아졌지만 말이다. 아내가 물었다.

"헬렌이 그걸 어떻게 다 하지?"

"그건 헬렌의 문제야. 당신 문제가 아니라. 헬렌이 모두 할 수 없다면 조수를 구해야 할 거야. 하지만 그녀가 조수를 구하는 거지, 당신이 할 게 아니니까. 당신이 조수를 구한다면 그 조수는 헬렌이 아니라 당신을 위해 일하겠지."

아내는 그날 많은 것을 배웠고 훨씬 더 생산적인 사람이 되었다. 자기가 하는 일 가운데 상당수가 전혀 할 필요 없는 일임을 배웠기 때문이다.

상상하면 할수록 더 좋은 결과가 나온다

패러다임의 영향을 받는 세 번째 영역은 바로 상상이다. 나 자신이 꽤 좋은 예가 될 수 있겠다. 내가 8학년을 마칠 때 선생님이 물었다.

"밥, 고등학교에 진학할 거니?"

"네. 저는 맬번 고등학교에 가려고요."

"어머, 밥, 거기 가면 안 돼. 넌 사업에 소질이 없어. 댄포스 기술고등학교에 가서 직업을 구하렴."

내가 뭘 알았겠는가? 당시 선생님은 신과 같았고 나는 댄포스 기술고등학교에 갔다. 그리고 한 달 뒤에 학교를 나왔다. 띠톱 기계 안에 엄지손가락을 쑤셔 넣는 바람에 손끝이 잘렸다. 떨어져 나간 손가락은 다시 붙였지만 수십 년이 흐른 지금도 날이 추워지면 그 부위가 아프다.

나는 상상을 통해 수많은 일을 해냈다. 온갖 훌륭한 프로그램들을 만들었고 책도 몇 권 썼다. 나는 우뇌형 인간이고 우뇌형 인간은 매우 창조적이다. 선생님은 그 사실을 몰랐다. 나를 키우려고 애를 쓰던 사람들도 마찬가지다.

어떤 사람들은 다른 사람들보다 좀 더 능숙하게 상상을 활용하지만 창조적인 능력을 봤을 때 남들보다 더 뛰어나거나 모자란 사람은 없다. 우리는 모두 창조적이다. 상상을 좀 더 잘 활용하는 사람들이 있을 뿐이다. 우리는 모두 신의 표현이다. 관점과 의지, 직관, 판단, 상상, 기억 등 우리의 지적 능력은 모두 창조적인 능력이다. 이 능력들이 무엇을 의미하며 어떻게 활용할 수 있는지 배워야 한다. 그러고 나면 창조적인 사람이 될 수 있다. **모든 일에는 더 나은 방식이 있다. 따라서 그 방식을 찾으려 한다면 얼마든지 발견할 수 있다.**

어느 날 동료 중 한 사람이 나 같은 사람은 만나본 적이 없다고 말했다. "당신은 마돈나보다 더 자주 변신하는 것 같아요." 나는 언제나 변신한다. 사람들이 자신을 위해 무슨 일을 해야 할지 이해하도록 돕는 더 나은 방식을 찾기 위해서다.

세상에는 우리를 향하고 우리를 통해 흐르는 명료하고 순수한 힘이 있다. 그런데 그 힘이 우리의 몸을 관통해 떠날 때 사진을 찍을 수 있다. 1934년 러시아의 사진작가 세묜 키를리안Semyon Kirlian이 이 기술을 완성했다. 그 힘은 우리 의식 안으로 흘러들어올 때 형태가 없으며 우리가 그 힘에 형태를 만들어준다. 이 지점에서 상상이 시작된다.

그 무엇도 창조되거나 파괴되지 않으며, 따라서 우리는 한 가지 형태의 에너지를 가져와 또 다른 형태의 에너지로 옮긴다. 우리가 그 지점에 도달해서 에너지를 옮기지 않으면 절대로 벌어지지 않을 일이다. 우리는 인생에서 아주 크나큰 역할을 하고 있다.

기존 방식보다 언제나 더 나은 것이 있다

생산성과 효율성은 패러다임이 영향을 미치는 네 번째 영역이다. 생산성과 효율성은 마치 닭과 달걀 같다. 하나가 다른 하나에 영향을 미치기 때문이다. 우리가 하는 일에 좀 더 효율적으로 임하면 생산성은 저절로 올라간다.

우리는 훨씬 더 생산적일 수 있다. 우리가 하는 일을 더 훌륭하게 해낼 방식을 찾아야 한다. 1980년은 내겐 그다지 얼마 되지 않은 옛날이다. 당시에는 팩스가 막 도입되던 시기였다. 이제는 너무나 케케묵어 보이지만 말이다. 지금은 핸드폰으로 사진을 찍어 전송 버튼만 누르면 곧바로 받을 수 있는 세상이다. 이는 모두 생산성의 결과다. 우리의 창조적인 능력을 좀 더 효율적인 방식으로 활용하는 것이다. **중요한 건 우리가 하는 일을 기존의 방식보다 더 훌륭히 해내는 법을 알아내는 것이다. 더 빠르게, 더 적은 비용과 더 적은 노력으로.**

만일 여전히 고군분투하고 있다면 잘못된 방식으로 일하고 있는 것이다. 법칙과 조화를 이루며 일한다면 막힘없이 자연스럽게 일이 흘러가야 한다. 우리에게는 창조적인 에너지가 우리가 원하는 상태나 형태로 흘러가게 하는 지적 능력이 있다. 우리는 우리 안에 굉장한 힘을 가지고 있지만 그 힘은 사실 그다지 친숙하게 느껴지지 않는다. 어떤 사람들은 전혀 인식하지 못하기도 한다.

지금 당장 얼마나 힘겹게 사투하고 있는지, 상황이 얼마나 어려운지와 상관없이 우리는 훨씬 더 효율적일 수 있다. 효율적으로 일할 때 우리는 그에 대한 보상을 얻을 것이다.

논리보다 중요한 것은 얼마나 원하느냐다

패러다임 변화의 영향을 받는 다섯 번째 영역은 논리의 사용이다. 논리는 마치 선례와 같다. 언제나 그렇게 해야 한다는 식으로 우리가 하는 일을 제한한다. 누군가가 "그건 논리적이지 않아."라고 말한다면 아마도 나는 그 말 때문에 가서 일을 저지르고 말 것이다.

나는 뭔가가 논리적인지 비논리적인지에는 관심이 없다. 문제는 당신이 원하느냐다. 그 일을 하고 싶은가? 그렇다면 논리 따위는 잊고 그냥 해버리자. 토머스 에디슨은 3학년 때 잘 밀봉된 편지 봉투를 들고 집으로 쫓겨났다. 봉투 안에는 "이 학생을 학교에 보내지 마세요. 다른 아이들처럼 공부할 능력이 없습니다."라고 쓰인 편지가 들어 있었다. 에디슨의 어머니는 편지를 봉투 안에 다시 넣어버렸다. 그리고 아들에게는 이미 학교에서 가르치는 것 이상을 알고 있기 때문에 더 이상 학교를 다니지 않을 것이라고 말했다. 그녀는 집에서 에디슨을 가르치기 시작했다.

모든 일을 할 수 있는 더 훌륭한 방식을 깨달아야 한다. 그 무엇도 우리의 발목을 붙잡게 내버려두지 마라. **마음속에 그릴 수 있다면 그 일을 할 수 있다. 머릿속으로 볼 수 있다면 그 일을 손에 쥘 수 있다.** 그렇게 그린 모습을 현실화하고 싶다면 다듬고 연구해야만 한다. 마음속에서 보는 것만으로는, 설사 그것이 일을 해낼 수 있다는 암시라 하더라도 충분치 않다.

돈의 패러다임을 바꿔라

패러다임 변화가 영향을 미치는 삶의 여섯 번째 영역은 돈과 관련이 있다. 패러다임은 우리가 얼마나 돈을 벌 수 있는지 한계를 설정해주지만 패러다임을 바꿈으로써 그 한계를 극적으로 바꿀 수 있다. **패러다임은 돈을 덜 벌지 못하게 막지는 않지만 더 벌지 못하게 막을 수 있다.**

돈은 일해서 버는 것이 아니라 서비스를 제공해서 버는 것이다. 더 창의적일수록 더 많은 서비스를 제공할 수 있다. 나는 하루 중 상당한 시간을 자는 데 보내긴 하지만 24시간 돈을 번다. 누구든 할 수 있는 일이다. 우리는 사람들에게 그렇게 하는 법을 가르친다. 그리고 여러 가지 다양한 소득원을 마련하라고 가르친다.

우리가 벌 수 있는 돈에는 한계가 없다. 사람들은 그렇지 않다고 생각하더라도 말이다. 고객과 일하기 시작할 때 가장 처음 던지는 질문 중 하나는 1년 동안 가장 많이 번 돈의 액수가 얼마인지다. 대답이 무엇이든 상관없지만 그 답은 그의 패러다임이 어디에 고정되어 있는지 알려준다. **돈은 패러다임을 보여주는 훌륭한 척도다.** 돈은 1원 단위까지 정확히 측정되기 때문이다. 건강은 그렇지 않다. 의사를 찾아가 아주 건강한 상태라는 이야기를 들었다고 해도 걸어 나오다가 넘어져서 죽을 수도 있다. 종종 일어나는 일이다.

세미나에서 나는 사람들에게 돈 버는 법을 가르친다. 한 출판사는 내게 미국에서 가장 위대한 부鵬의 스승이라고 말했다. 나는 진심으로 부에 집중하기 때문이다. 돈이 사람들의 인생에 크나큰 영향을 미친다고 생각하기 때문에 돈에 집중해왔다. 돈이 없다면 할 수 없을 좋은 일들을 돈으로 많이 할 수 있다.

돈은 우리를 더 좋은 사람으로 만들어주지는 못하지만 이미 갖춰진 우리의 모습을 더욱 강화하는 성질이 있다. 우리가 친절한 사람이 아니라면 돈 때문에 더욱더 비열해질 수 있다. 반대로 친절한 사람이라면 돈으로 훨씬 더 친절해질 수 있다. 벌 수 있는 돈에는 제한이 없지만 그 돈을 벌기 위해서는 서비스를 제공해야 한다. 꼭 일해야 한다는 의미가 아니다. 서비스를 제공해야 한다는 의미다.

테일러 스위프트는 어떻게 1년에 수백만 달러씩 벌어들일까? 아마도 음악에 엄청난 에너지를 쏟긴 하겠지만 그리 열심히 일한다고는 할 수 없다. 하지만 그녀는 자기 노래가 한 번 재생될 때마다 돈을 번다. 그리고 전 세계 수백만 명이 그녀의 앨범을 듣는다. 그녀는 사람들을 즐겁게 해주며 그에 대해 보상받을 자격이 있다. 그리고 보상받고 있다.

돈은 우리가 서비스를 제공하고 받는 보상이다. 앞서 강조했듯이 우리가 벌 수 있는 돈의 액수는 우리가 하는 일의 필요성과 그 일을 할 수 있는 능력 그리고 우리를 대체할 수 없는 어려움에 정비례한다.

내가 얼마나 벌 것인지는 내가 정한다

오래전 일이다. 직장에 다니던 나는 사장을 찾아가 돈을 더 벌려면 어떻게 해야 하느냐고 물었다. 그러자 그가 물었다.

"돈을 올려달라는 소리입니까?"

"아니요, 돈을 올려달라는 게 아닙니다. 그저 돈을 더 많이 벌려면 무엇을 해야 하는지 알고 싶을 뿐입니다."

"돈을 얼마나 벌고 싶은 겁니까?"

아마 1970년대였던 것 같다. 나는 이렇게 말했다.

"글쎄요. 10만 달러요?"

"당신은 10만 달러를 벌 수 없어요."

"왜죠?"

"내가 안 된다고 했으니까요. 그뿐입니다."

나는 그곳에서 보낸 10년이 곧 끝날 것을 직감했다. 내가 아닌 다른 사람이 내가 얼마나 벌 수 있는지를 결정하고 있었기 때문이다.

우리가 얼마나 벌 것인지 다른 사람이 결정하게 내버려두어선 안 된다. 우리가 결정해야 한다. 다른 누군가가 결정하게 내버려두고 거기에 만족하지 못한다면 어떻게 해야 할까? 거기서 빠져나와 자신의 일을 시작해야 한다.

기업가정신은 놀랍다. 나는 개인적으로 네트워크 마케팅은 이 세상에 등장한 개념 중 가장 위대하다고 믿는다. 나는 네트워크 마케팅을 하지 않으며 또 다른 분야에 진출하기에는 너무 늙어버렸지만, 네트워크 마케팅은 쉽게 다수의 소득원을 마련할 수 있는 분야다. 전통적으로 부유한 사람들은 여러 다양한 소득원을 가지고 있었다.

돈을 벌 수 있는 능력은 단연코 패러다임의 문제다. 내가 사람들과 일한다면 처음으로 바꿔놓을 부분 중 하나다. 나는 언제나 우리 직원들이 더 높은 수입을 벌어들이는 목표를 세우게 하고, 직원들은 높은 목표를 세운다. 그중 일부는 1년에 100만 달러 이상 번다. 어떤 직원은 올해 약 400만~500만 달러까지도 벌 것이다.

우리가 벌 수 있는 돈에는 한계가 없다. 그 사실을 이해해야만 한다. **돈을 지배하는 법칙을 이해해야 하며 그에 따라 행동하기 위해 바빠져야 한다.** 앞서 말했지만 나는 회사 안에 다수의 소득원을 뜻하는 MSI 커넥트를 세웠다. 누구라도 다수의 소득원을 마련하는 사람들과 인연을 맺을 수 있다. 전 세계 수천 명이 MSI 커넥트에 소속되어 있으며 함께 일하면서 서로를 돕고 있다. 이는 돈을 벌기에 아주 훌륭한 방식으로, 사람들은 네트워크에 들어와 뭔가를 사고팔기도 한다. 이 시장의 규모는 어마어마하며 엄청나게 많은 사람이 거래한다.

이 세상에서 영업은 돈을 가장 많이 버는 직업이다. 수수료를 받는 영업사원은 세상에서 돈을 가장 많이 버는 사람이다. 그 누구도 영업사원이 버는 만큼 돈을 벌 수 없다. 범접할 수도 없다.

나를 위해 공부하고 훌륭한 스승을 찾아라

우리가 원하는 모든 것이 이미 존재한다. 우리는 그 존재하는 것들과 조화를 이뤄야 한다. 만일 얻고 싶은 것을 떠올리면서 아직 얻지 못했다고 생각한다면 조화를 이루지 못한 것이다. 문제는 어떻게 조화를 이루는가다. 어떻게 의식적 인식의 수준을 높일 수 있을까? **유일한 방법은 공부다.**

나는 당신을 위해 공부해줄 수 없고, 당신도 나를 위해 공부해줄 수 없다. 나는 내 아이들을 위해 공부해줄 수 없고, 당신도 당신 아이들을 위해 공부해줄 수 없다. 또한 당신은 당신의 배우자를 위해 공부해줄 수 없고, 당신의 배우자도 당신을 위해 공부해줄 수 없다.

우리는 우리 자신을 위해 공부할 수 있는 유일한 사람들이다. 하지만 모든 일이 가능하다는 것을 이해하고 몰두해야 한다. 그냥 멋들어지게 하는 종교적인 말이 아니다. 사실이다. 나는 내가 훌륭한 본보기가 된다고 믿는다. 내가 할 수 있다면 누구나 할 수 있다. 내가 성공할 확률은 어처구니없을 정도로 희박했지만 타당한 이유로 그 일은 벌어지고 말았다. 나는 양서를 읽었고 좋은 강연을 들었으며 훌륭한 사람들의 가르침을 받았다.

그리고 적극적으로 멘토를 만들었다. 목표를 향해 노력하지 않는 사람, 인생을 살면서 아무 곳으로도 향하지 않을 사람은 가까이하지 않는다. 불평불만이 많은 사람과는 어울리고 싶지 않다. 나는 얼 나이팅게일의 원칙, 즉 의사에게 하는 말이 아닌 이상 건강에 대해 말하지 않는다는 원칙을 지킨다. 누군가가 자기 건강에 대해 불평하는 말을 늘어놓기 시작하면 나는 의사가 아니라고 말한다. 우리는 충분히 노력할 수 있고 해낼 수 있으며 심지어 잘할 수 있다.

훌륭한 스승을 구하라. 좋은 스승은 매우 귀중하다. 내가 누군가에게 멘토링을 한다면 그 사람은 나와의 만남에 많은 돈을 지불한다고 해도 곧 그럴 만하다는 걸 깨달을 것이다. 나는 그에게 몸값을 높이는 법을 가르칠 것이기 때문이다.

지금 그 자리에서 원하는 것을 쓰고 외쳐라

모든 사람은 높은 가치를 지닌다. 다만 그 사실을 믿지 않을 뿐이다. 믿을 때 모든 것이 변하기 시작한다. 지금 있는 곳이 어디인지, 얼마나 고군분투해야 하는지는 상관없다. 우리는 모든 것을 바꿀 수 있다. **그저 자리에 앉아 원하는 것이 무엇인지 써라.** 할 수 있다고 믿는지 아닌지는 상관없다.

내가 세운 첫 번째 목표는 2만 5,000달러를 버는 것이었다. 나는 내가 그토록 많은 돈을 벌 수 있을 거라 믿지 않았다. 그러나 목표를 큰 소리로 읽기 시작하면 믿게 될 것임을 알았다. 거짓말을 큰 소리로 읽으면 그 거짓말을 믿기 시작한다. 나는 당황스러울 정도로 눈 깜짝할 사이에 2만 5,000달러를 벌었다.

아직 갖지 못한 뭔가를 원하는 사람이라면 **원하는 것을 현재형으로 써야 한다.** 바보처럼 느껴지더라도 상관없다. 몇 번이나 반복해서 큰 소리로 읽고 말하기 시작해야 한다. 그러면 먼저 마음속에서 어떤 일이 벌어지기 시작하고 나중에는 외부에서 벌어질 것이다. 안에서 밖으로 나아가는 것이다.

제9장

잠재의식을 바꿔라,
부자가 되리라

90일 동안 무언가를 했다면
남은 평생 그 일을 계속할 수 있다.

_얼 나이팅게일

마지막 장에서는 지금까지 이야기했던 모든 개념을 종합해 정리하면서 당신에게 필요한 패러다임을 어떻게 인생의 습관으로 만들 수 있는지 보여주려 한다.

인생에서 꼭 배우고 알아야 하는 것

인생에는 두 가지 길이 있다. 첫 번째 길은 무지의 길이다. 이 길은 필연적으로 걱정과 의심, 두려움, 불안감, 우울로 이어지며 궁극적으로는 질병과 붕괴를 일으킨다.

무지는 그야말로 알지 못하는 상태지만 지식은 언제 어디에든 존재한다. 우리는 무지한 채로 살아갈 이유가 없다. 불행히도 우리의 교육 시스템은 우리가 지금껏 논의해온 주제들을 거의 가르치지 않는다. 학교는 마음을 통제하는 법을 가르치지 않는다. 학교는 반응이 아니라 대응하는 법을 가르치지 않는다. 학교는 긍정적인 주파수 안에 머물거나 우주의 법칙을 공부하는 법을 가르치지 않는다. 학교는 패러다임에 관해 아무것도 가르치지 않는다.

학교가 이런 것들을 가르치지 않기 때문에 우리는 스스로 알아내야만 한다. 이제는 이 주제들에 관한 수많은 정보를 손쉽게 얻을 수 있다. 자조Self-help에 대한 책은 오늘날 거의 모든 국가에서 베스트셀러다. 우리는 우리 스스로에 대해, 주변에서 무슨 일이 벌어지고 있고 우리가 어떻게 반응 혹은 대응하는지에 대해 좀 더 많이 알아야 한다.

생각이 사람들로부터 우리 마음으로 흘러 들어올 때 우리는 그 생각을 받아들이거나 거부할 수 있다. 또한 우리 스스로 만들어낸 생각들에 대해서도 똑같이 할 수 있다. 우리가 부정적인 생각을 할 때 그 생각은 옳을 수도 있지만 곱씹을 필요는 없다. 모든 것에는 부정적인 측면이 있다. 어떤 사람들은 부자가 되기보다는 올곧은 사람이 되고 싶어 한다. 흔히들 그렇게 말하고 또 진실이기도 하다.

의식적 차원에서 시작된 무지와 의심, 걱정은 잠재의식적인 차원에서 두려움으로 변한다. 두려움의 에너지는 몸의 안팎으로 표현되고 불안이라는 진동을 만들어낸다. 불안은 보통 억눌리고 그 억압은 우울증으로 변한다. 우울은 질병으로 변하고 질병은 붕괴로 이어진다.

무지의 정반대는 앎이다. 앎은 긍정적인 길이다. 앎은 이곳에 존재하며 앎을 얻을 수 있는 유일한 방법은 공부다. 하지만 무엇을 공부해야 할지 알아야 한다. 도서관은 지식으로 가득하지만 지식 그 자체는 능력이 아니다. 만일 그렇다면 도서관 사서들은 현실과 다르게 모두 백만장자여야 할 것이다. 지식은 체계적으로 정리되어 지적 능력으로 이어져야 한다. 지난 50년간 나는 프록터 갤러거 인스티튜트와 함께 이 지식을 체계적으로 정리해 사람들의 지적 능력을 유도하기 위해 노력해왔다.

마음과 우주의 법칙을 공부해야 한다

의심과 걱정의 반대편, 긍정적인 주파수에는 이해가 있다. 우리는 우리 존재의 법칙을 이해하고 싶고 우리 자신을 이해하고 싶다. 또 우리의 의식 속에 형체도 없이 흐르는 힘이 있음을 이해하고 싶다. 그 힘에 형체를 부여하고 싶다.

이해를 높이는 유일한 방법은 공부다. **마음과 우주의 법칙을 공부해야 한다.** 나와 우리 회사가 마련한 책과 강연, 프로그램을 통해 공부하면 아마 큰 진전을 이룰 것이다. 스스로 원하는 이미지를 떠올려야 한다는 것을 기억하라. 그 이미지를 내면화할 때 사람들은 신념이라는 이름의 감정을 발전시킨다. 신념은 두려움의 반대편에 있다.

신기한 일이다. 신념과 두려움 모두 눈으로 볼 수 없는 뭔가를 믿는 것이다. 만일 우리에게 선택권이 있다면 신념을 선택하는 것이 당연하다. 신념은 보이지 않는 것을 보는 능력이고, 믿을 수 없는 것을 믿는 능력이다. 또한 신념은 사람들이 불가능하다고 하는 것을 우리가 얻을 수 있도록 허락해준다.

우리는 보이지 않는 것을 볼 수 있다. 상상을 통해 의식적인 마음 안에서 보는 것이다. 우리는 믿을 수 없는 것을 믿는다. 상상 속에서 본 것을 가져와 내면화하고 이를 주관적 마음으로 바꿔놓는다. **법칙에 따라 움직이는 주관적 마음은 곧 형체를 이루기 시작한다. 바로 이것이 믿을 수 없는 걸 믿는 것이다.**

믿음은 몸을 통해 드러나야 한다. 우리는 앎에서 이해로, 이해에서 신념으로 나아간다. 신념은 신체적인 차원에서 웰빙으로 표현되며, 웰빙은 불안과 정반대에 있다. 표현에 가속도가 붙는다. 마음이 편한 상태이기 때문에 속도를 올릴 수 있고 이는 창조로 이어진다. 반면 신념의 정반대는 붕괴로 이어진다.

우리의 습관은 이 두 방향 중 한쪽으로 우리를 이끈다. 부정적인 면을 강화하거나 긍정적인 면을 강화하는 것이다. **습관이란 잠재의식 속에 고정된 생각이다.** 한 패러다임이 말하기를 공부하지 말라고 한다. 다른 패러다임이 말하기를 공부하라고 한다. 우리는 우리의 습관을 돌아보며 좋은 습관을 개발할지 말지를 결정한다.

부의 주제를 올바르게 골라야 한다

어렸을 때 나는 공부하는 습관이 없었다. 아무것도 공부하지 않았다. 학교에 다닐 때나 학교를 그만둘 때나 마찬가지였다. 그러나 얼 나이팅게일의 오디오 강연을 처음 들었을 때는 도저히 멈출 수가 없었다. 똑같은 녹음을 반복해서 들으며 나는 공부라는 긍정적인 습관을 들였다. 그 습관은 내 패러다임을 바꿨고, 내가 어디로 가고 있으며 무슨 일을 하는지에 관한 모든 것을 바꿨다. 누구나 할 수 있다. 이 주제를 계속 공부한다면 좋은 일이 계속 벌어질 것이다.

우리는 즉흥적인 만족과 즉흥적인 시대에 살고 있지만 이 과정은 즉흥적으로 일어나지 않는다. 물론 일어날 수도 있다. 모든 상황은 가능하다. 그러나 드문 일이다.

공부라는 이 긍정적인 습관을 개발하는 일은 때론 우리의 패러다임과 맞지 않는다. 우리는 보통 한 책을 읽고 다른 책으로 넘어가지만 여기서는 그렇지 않다. 책을 정하고, 그 책을 읽고 또 읽어야 한다. 나는 얼 나이팅게일이 녹음한 모든 오디오 강연을 자주 들었다. 그것이 내 습관이었고, 이 습관

이 내 삶을 바꿔놓았다. 한때는 수천 달러를 버는 것도 힘겨
웠지만 지금은 수백만 달러를 번다. 한때는 일자리를 찾느라
고생했지만 지금은 전 세계를 돌아다니며 일한다.

올바른 주제를 공부하는 습관은 패러다임을 바꿔놓는다.
나는 인생에서 버림받았던 사람들이 유능한 시민이 되는 모
습을 봤다. 패러다임이 바뀔 때 인생도 바뀐다. 인생의 성과
는 패러다임의 표현이기 때문이다. **패러다임은 행동을 이끌**
고 행동은 반응을 이끌어낸다. 행동과 반응이 하나로 합쳐지
면서 우리의 조건과 상황, 환경이 바뀐다.

당신은 해낼 수 있다, 방법을 모를 뿐

이 지식의 갈림길에 머물며 인생에서 놀라운 성과를 거두는
일에 전념하고자 한다면 다음과 같은 질문으로 기본적인 단
계부터 시작해보자.

'나는 진정으로 무엇을 원하는가?'

많은 사람이 자기가 원하는 것을 가질 수 있다고 믿지 않는다. 아이들은 부모에게 달려가 이렇게 말한다. "엄마, 아빠, 나 이걸 원해요. 이것도 저것도 다 원해요!" 우리는 태양 아래 모든 것을 원한다. 그러면 부모님은 "네가 원하는 모든 것을 가질 수는 없단다." 또는 "어떻게 그걸 얻을 거니?"라고 대답한다. 이 질문에 답할 수 있는 아이는 없다. 나이가 들었을 때도 원하는 모든 것을 패러다임으로 만들 수 없다. 우리가 원하는 무엇이든 가질 수 있음을 완전히 이해할 때 어떻게 해야 얻을 수 있는지는 알 필요가 없다. **그저 우리가 '얻을 것이라는 사실'을 알면 된다.**

마음속에서 뭔가를 보는 순간 우리는 우리가 어디로 가고 있는지 알아차리고 싶을 것이다. **이때는 상상을 통해 의식의 수준을 훨씬 더 높은 주파수까지 끌어올려야 한다.** 이제 우리는 겨우 몇 분 동안 높은 주파수에 머물다가 원래 있던 곳으로 되돌아올 것이다. 그곳까지 올라갔다면 잠시 머물러보자. 개념을 어루만지고 가지고 놀다가, 마음속에서 굴려보고 다른 색깔로도 칠해보자. 스스로를 그 안에 집어 넣어보고 상황이 벌어지는 모습을 보며 어떻게 느껴지는지 경험해보자. 그리고 이렇게 되뇌자.

"나는 할 수 있어. 방법은 몰라. 하지만 할 수 있어."

가난의 이미지를 버려라, 부를 얻을 것이다

어떤 사람이 나를 찾아와 "이게 제가 원하는 거예요."라고 말한다면 나는 얻을 방법을 보여줄 수 있다. 로스앤젤레스에 사는 필 골드파인Phil Goldfine이라는 영화제작자가 있었다. 골드파인은 에드 모리세이Ed Morrisey와 대화를 하다가 이렇게 말했다.

"《밥 프록터의 위대한 발견》이란 책 봤어요?"

"그럼요, 저 그 작가랑 알아요."

"에이, 모르잖아요."

"그 작가랑 안다니까요."

"이 책은 진짜 대박이에요."

그러자 모리세이가 웃음을 터트리며 말했다.

"알았어요. 제가 전화해볼게요."

그러고는 내게 전화를 걸었다.

"밥, 여기 당신과 이야기를 나누고 싶은 사람이 있어요."

골드파인이 전화를 넘겨받아 말했다.

"세상에, 선생님과 앉아서 말씀을 나누고 싶군요. 지금 어디 계신가요?"

"저는 라스베이거스에 있어요."

"저는 로스앤젤레스예요. 찾아가 뵈어도 될까요?"

"그럼요. 원하시는 대로요."

골드파인이 나를 보러 왔다. 나는 그에게 물었다.

"정말로 원하는 게 뭔가요?"

"수백만 달러의 돈이요."

"지금은 얼마나 벌고 있나요?"

"몇만 달러 정도요."

나는 계속 질문을 이어갔다.

"무슨 일을 하세요?"

"저는 영화제작자예요."

"그 외에 또 원하시는 게 있나요?"

"저는 오스카상을 타고 싶어요. 에미상도 타고 싶고요."

"이 모든 일을 어떻게 하면 되는지 보여줄게요. 하지만 제가 말해주는 대로 해야 해요."

"네, 그렇게 할게요."

대략 22년인가 23년 전 이야기다. 지금까지 단 26명이 오스카상과 에미상, 토니상을 동시에 탔다. 2019년 골드파인이 내게 전화를 걸어 말했다.

"오늘 뮤지컬 〈투씨〉Tootsie 개막 공연에 가는데요. 뉴욕에 오시겠어요?"

"좋아요."

나는 뉴욕으로 날아가 골드파인을 만났다. 그는 뮤지컬 〈투씨〉로 토니상을 탔다. 그리고 오스카상과 에미상, 토니상을 동시에 수상한 27번째 인물이 되었다.

한편 그는 수영대회에서 여러 개의 금메달을 따기도 했다. 그는 올림픽 금메달리스트들과 함께 수영한다. 제작자들이 보통 1년에 두 편의 영화를 찍는다면 요즘 골드파인은 20편 이상 영화 작업을 하고 있는 것 같다. 그는 내가 말해준 대로 정확히 하고 있다고 말할 것이다. 나는 말했다. "당신이 믿든 안 믿든 상관없어요. 나는 당신이 이런 일이 벌어질 거라고 계속 말하길 바라요."

하루는 골드파인이 오스카상을 쥐고 있는 사진을 내게 보내고는 이렇게 말했다.

"오스카상을 하나 더 탈 거예요!"

"제대로 된 사진이 아닌데요. 한 손에 오스카상을 들고 사진을 찍으세요. 그리고 다른 손에 오스카상을 들고 또 사진을 찍으세요. 그런 다음 누군가에게 포토샵으로 두 사진을 하나로 합성해달라고 부탁하세요."

나는 이렇게 말했다. 몇 시간 후 골드파인이 양손에 오스카상을 들고 있는 사진을 다시 받았다. 이제 그는 수백만 달러를 벌어들인다. 한번은 4시간 만에 100만 달러를 벌기도 했다고 했다. 그는 내가 말해준 그대로 행동한다. 나는 그에게 몇 시에 밥을 먹으라든지, 몇 시에 자라고 말하지 않았다. 다만 이런 말을 해줬다.

"자리에 앉아서 무엇을 원하는지 생각해볼 때 상상이 흘러가는 대로 내버려두세요. 상상한 모습을 볼 수 있다면 글로 쓰세요. 다른 사람 말고 제게만 그 상상을 이야기해주세요. 왜냐하면 사람들은 모두 당신을 비웃을 테고 당신은 그런 일을 겪을 필요가 없으니까요. 원대한 목표를 품지 않은 사람들과 어울리지 마세요. 뉴스나 고생담을 떠들어대려는 사람과는 어울리지 마세요."

골드파인은 탁월한 본보기가 되었다. 내 동업자 샌디 갤러거는 또 다른 본보기다. 저 멀리 요원한 곳에 있는 것들을 믿기 시작하라. 그 모습을 볼 수 있다면 그곳에 존재하는 것이다. 그 무엇도 창조되거나 파괴되지 않는다. **우리에게 필요한 모든 것은 이미 있다. 관건은 조화를 이루느냐다. 대상과 조화를 이룰 때 우리는 비로소 끌어당길 수 있다.**

끌어당김의 법칙은 아주 명확하다. 당신은 오직 당신과 조화를 이루는 것만 끌어당길 수 있다. **가난의 이미지를 품고 있다면 절대로 부를 끌어당길 수 없다.**

부유한 모습의 자신을 보라. 그토록 욕망하던 가치가 함께하는 자기 자신을 봐야 한다. 당신이 해야 할 첫 번째 일은 그것이 무엇인지 알아보는 것이다. 그쯤에서 차분히 앉아 마음을 떠나보내고, 상상이라는 우리의 지적 능력에 일을 시켜야 한다.

골드파인은 상상이야말로 세상에 알려진 가장 신기하고 강력한 힘이라고 말한다. 그가 옳다. 상상은 우리를 다른 시간대와 다른 장소, 우주공간과 더 높은 주파수로 데려다주는 정신적인 도구다. 상상은 당신을 어디에든 데려다준다. 상상은 비웃음의 대상이 아닌 경외해야 할 대상이다.

원하는 인생을 살기 위한 8가지 원칙

원하는 삶을 사는 데 필요한 여덟 가지 원칙을 제시하며 이 책을 마치려고 한다. 내 세미나에서 공유하는 내용과 같다.

1. 당신의 무한한 잠재력에 대한 인식을 키워라

이 원칙은 인생의 어느 측면에서든 더 큰 가치로 나아가는 훌륭한 시작점이 된다. "빛이 있으라."(창 1:3) 어둠을 두려워하는 어린아이를 보는 일은 슬픈 일이다. 그러나 빛을 두려워하는 어른을 보는 일은 훨씬 더 끔찍하다. 빛이 있으라. 더 높은 의식적 인식이 있으라. 더 많이 인식하게 될 때 삶의 질이 개선되기 시작할 것이다. **우리가 원하는 것은 이미 여기에 있기 때문이다.** 우리는 그저 그것이 여기 있음을 인식하기만 하면 된다.

2. 당신이 원하는 대로 행동하라

결핍은 우리가 누구인지에 대한 본질에서부터 나온다. 우리의 영적인 DNA는 완벽하다. 우리의 마음속에, 깊은 진심

속에, 보편적인 지성 안에 존재하기 때문이다. 우리는 신의 형상에 따라 만들어졌고 따라서 우리 안에는 완벽함이 있다. 그 완벽함은 우리 안에서, 우리를 통해 표현되고자 한다. 완벽함은 표현과 확장, 더 큰 가치를 위해 존재한다. 그 표현은 결핍이라는 형태로 우리의 의식 속에 등장한다.

"나는 이걸 원해."

우리는 원하는 것을 얻으려 비상한 노력을 할 것이다. 때로는 원하는 것을 얻기 위해 비정상적인 일도 할 것이다. 지칠 때 달리고, 피곤할 때 공부할 것이다. 우리의 결핍은 우리라는 존재의 본질에서 비롯된다. 즉 "내가 더 큰 가치를 창조하기 위해 너를 통해 움직이리라."라고 말하는 신 또는 영혼의 방식이다. 결핍은 획득이 아니다. 획득은 결핍의 부수적인 이익이다. **결핍은 성장이다.**

3. 결단을 내려라

우리가 뭔가를 얻을 수 있는 것은 그렇게 프로그래밍되었기 때문이다. 우리는 얻은 것과 조화를 이룬다. 아직 얻지 못했다면 원하는 것과 조화를 이루지 못했기 때문이다. **원하는 것을 좇으려면 패러다임을 바꿔야 한다.**

'세 살 버릇 여든까지 간다'라는 말을 들어봤을 것이다. 패러다임은 바뀌고 싶어 하지 않으며 똑같은 방식으로 몇 번이고 반복해서 자신을 표현하려 한다. 우리가 원하는 것을 좇기 시작했을 때 패러다임은 지옥 같은 싸움을 걸어올 것이다. 아마도 몹시 불편해지고 우리 안의 모든 소리가 그만두라고 외칠 것이다. 자신이 하는 일을 진심으로 이해하지 못한다면 어쩌면 그만둘 수도 있다.

그러나 분명하게 이해하고 있다면 계속 앞으로 나아갈 가능성은 꽤 높다. 10퍼센트도 안 되는 사람들이 실제로 위대한 목표를 좇고, 대부분 사람은 그 목표를 가질 수 있다고 스스로 이해하지 못하기 때문에 좇지 않는다.

냇 킹 콜은 오래전에 다음과 같이 아름다운 노래를 불렀다. "그런 척해봐. 우울할 때 행복한 척해봐."

이 노래의 가사를 구해서 읽어보고, 공부하고, 외워보자.

4. 추구하는 목표에 온전히 헌신하라

헌신은 프로와 아마추어를 구분하게 해준다. 동기부여 작가이자 강사인 켄 블랜차드Ken Blanchard는 우리가 뭔가에 흥미가 있을 땐 불편하지 않은 경우에만 그 일을 하지만 헌신

적일 땐 무슨 일이든 개의치 않고 해낸다고 했다. **무엇을 추**
구할 것인지는 헌신적인 태도로 결정해야 한다. 그 일은 되돌
릴 수도 없고 멈출 수도 없어야 하며 반드시 일어나야 한다.
법칙을 이해하면 헌신은 훨씬 쉬워지고 즐거운 여정이 된다.

5. 책임조력자를 두어라

얼 나이팅게일은 책임감을 '성공의 보험증권'이라고 부른
다. 만일 책임조력자가 있다면 이는 계속 견디고 나아갈 것
이라는 보험증권을 준비한 셈이다.

누군가가 내 책임조력자이고 내가 진심으로 그를 존경한
다면 그 역시 진심으로 나를 존경하길 바랄 것이다. 만일 그
에게 어떤 일을 하겠다고 얘기하고 내가 계속 책임감을 가질
수 있게 해달라고 부탁한다면 그만두고 싶은 생각이 불쑥 떠
오르다가도 즉시 이렇게 생각할 것이다. '내가 그렇게 했다
가는 그가 나를 어떻게 생각하겠어?'

책임조력자는 우리가 고개도 들지 못하고 일하게 만든다.
그리고 모든 상황이 그만두라고 종용하더라도 우리가 계속
앞으로 나아가게 해준다. 따라서 책임조력자는 매우 소중하
다. 샌디 갤러거는 내 책임조력자다. 내 아들 브라이언과 동

료 페기 맥콜Peggy McColl 역시 그런 관계다. 이들은 단지 서로에게 책임이 있기 때문에 목표에 도달할 때까지 서로를 돕는다. **책임조력자는 천금 같은 가치를 가진다.** 책임조력자를 현명하게 선택하고 그 후에 책임을 지자.

6. 에너지를 한곳으로 집중시켜라

집중은 에너지를 더하고 진폭을 넓히며, 우리의 개인적인 능력을 이끌고 향상시킨다. 감정은 진동을 의식적으로 인식하는 것이다. 기분이 좋지 않을 때 우리는 나쁜 진동에 있는 것이며, 기분이 좋을 때는 좋은 진동에 있는 것이다.

쇼핑몰에 갔는데 뒤에 있던 어떤 사람이 우리를 바라본다면 그 눈길을 느낄 수 있다. 그는 우리에게 시선을 맞추고 또 집중한다. 에너지를 자신의 의식으로 끌어와 마치 레이저처럼 우리를 겨냥한다. 그의 생각은 우리의 뇌에 부딪혀 진동을 만들어내고, 우리는 그 에너지를 느끼고 그를 느낀다. 그래서 뒤돌아보면 그가 당신을 바라보고 있다.

집중은 진동의 폭을 넓힌다. 진동은 에너지를 앗아가고 투사를 서두른다. 그러면서 에너지에 레이저 같은 초점을 부여한다. 집중이 중요한 이유가 바로 여기에 있다.

집중은 의지의 행위다. 의지를 개발하는 방법으로, 초가 꽂힌 촛대를 가장 좋아하는 의자 반대편에 놓아보자. 그리고 혼자 있을 때 촛불을 켜고 잠시 앉아서 불꽃을 응시하자. 불꽃과 하나가 될 때까지 불꽃을 계속 응시하라. 마음이 산만해진다면, 당연히 산만해지겠지만 그 마음을 다시 불꽃으로 끌어오자. 매번 마음이 방황할 때마다 다시 데려와야 한다. 기분 나빠하지 말고 그냥 다시 데려오면 된다. 가장 좋아하는 의자 앞쪽에 있는 벽에 동그란 점을 붙이고 그 점을 응시하자. 마음이 산만해지면 다시 그 점으로 끌고 오자.

한 가지 일에 집중할 수 있을 때 어떤 일에도 집중할 수 있다. 의지가 강화되었기 때문이다. 의지는 우리가 마음속 화면에 한 가지 생각을 유지할 수 있게 해주는 정신적 능력이다. 랠프 월도 에머슨이 말했듯이 "성장할 수 있는 것은 오직 우리가 에너지를 준 대상"이다. **집중한 상태일 때 우리는 원하는 대상에 더 많은 에너지를 줄 수 있다.**

7. 스스로를, 서로를 규율하라

이 책을 60일간 매일 아침 30분씩 읽기로 약속하자. 그리고 이 프로젝트에 협력자를 끌어들이자. 친구를 한 명 찾아 그가 이 책을 가지고 있지 않다면 한 권 사서 안겨주어라. 책에 짧은 메모를 남겨 건네주면 더욱 좋아할 것이다. 그러고 나서 이렇게 말하라. "매일 아침 30분씩 이 책을 너와 함께 공부하고 싶어. 내가 책임감을 느끼게 해줘. 나도 네가 책임을 느끼게 할게. 30분 동안 읽은 다음에는 무엇을 배웠는지 확인하고 토론도 하자." **이 행동에 전념한다면 이 책에서 읽은 모든 효과를 누릴 것이다.** 누구라도 그 효과를 누릴 자격이 있으며, 따라서 효과를 누릴 것이다.

8. 생각대로 살기 시작하라

비저니어링visioneering(비전vision과 엔지니어링engineering의 합성어로, 꿈을 현실로 만들기 위한 전략이나 과정을 가리키는 개념이다—편집자 주)은 우리가 추구하는 바를 달성하기 위해 상상을 활용하는 것이다. **비저니어링은 마음에 질서를 가져오고 우리에게 필요한 것들을 질서정연하게 끌어당긴다.** 보통 사람의 마음은 사방에서 제멋대로 펄떡거린다. 비저니어링을 한다는 것은 어떤 사람이 한 가지 생각을 마음속 화면으로 가져와 초점을 맞춘다는 의미다. 그 사람은 생각대로 살기 시작하고 마음속에 질서를 세운다. 트로워드는 바로 이런 질서가 천국에서 으뜸가는 법칙이라고 했다. 질서는 시각화할 수 있는 천상의 것이기 때문이다. 질서는 경이로운 존재다. 당신은 질서에 매우 능숙해질 것이고 당연히 소득과 건강과 인간관계도 개선될 것이다.

이 책에 나오는 생각들을 실천하고자 하는가? 그렇다면 확고하게 약속하고, 책임조력자를 뽑고, 곧바로 시작하라. 내일이 아니라 오늘 시작하자. 당장 지금 시작하자. 이 글을 읽는 순간 일을 저지르자. 하루에 30분을 할애할 것이라면 지금 당장 시작하라. 지금까지 딱 30분만 할애해왔다면 또 다른 30분을 추가해보자. 그리고 나서 내일 아침 다시 해보자.

이 요법을 60일 또는 90일 동안 계속 실천해보자. 얼 나이팅게일은 **"90일 동안 뭔가를 했다면 앞으로의 인생에서도 계속할 것"**이라고 말했다. 나는 나이팅게일의 생각에 동의한다. 여러 날이 지나는 동안 그 일은 습관이 되기 때문이다.

공부하라.

공부에서 얻는 보상은 어마어마하게 크다. 지금껏 희망하던 바를 훨씬 넘어서는 보상일 것이다.

Change Your Paradigm, Change Your Life